乡村振兴背景下的农产品供应链创新研究

刘 刚◎著

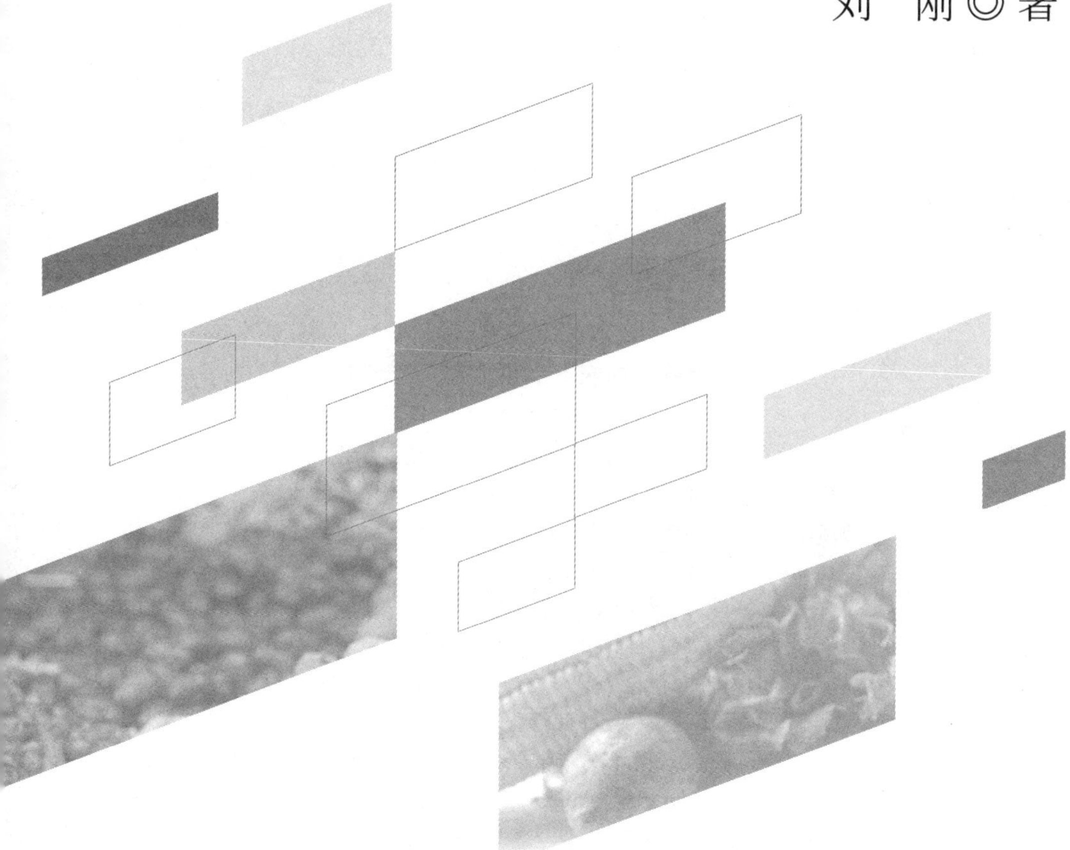

中国财经出版传媒集团
经济科学出版社
Economic Science Press

图书在版编目（CIP）数据

乡村振兴背景下的农产品供应链创新研究 / 刘刚著.
—北京：经济科学出版社，2019.1
ISBN 978-7-5218-0168-2

Ⅰ.①乡… Ⅱ.①刘… Ⅲ.①农产品-供应链管理-研究-中国 Ⅳ.①F724.72

中国版本图书馆 CIP 数据核字（2019）第 014291 号

责任编辑：周国强
责任校对：曹育伟
责任印制：邱 天

乡村振兴背景下的农产品供应链创新研究
刘 刚 著
经济科学出版社出版、发行 新华书店经销
社址：北京市海淀区阜成路甲 28 号 邮编：100142
总编部电话：010-88191217 发行部电话：010-88191522
网址：www.esp.com.cn
电子邮件：esp@esp.com.cn
天猫网店：经济科学出版社旗舰店
网址：http://jjkxcbs.tmall.com
固安华明印业有限公司印装
710×1000 16 开 12.75 印张 200000 字
2019 年 3 月第 1 版 2019 年 3 月第 1 次印刷
ISBN 978-7-5218-0168-2 定价：68.00 元
（图书出现印装问题，本社负责调换。电话：010-88191510）

前言

中共十九大提出了乡村振兴战略，并将乡村振兴战略列为全面建成小康社会需要实施的七大战略之一，是新时代做好我国“三农”工作的总抓手。乡村振兴基础和关键在产业振兴。在乡村振兴战略的大背景下，探索如何推进农产品供应链创新对于发展壮大乡村产业、促进农村产业振兴和农民富裕具有重要的现实意义。现代农业已经不是单一的农业产业，而是一个第一、第二、第三产业融合的范畴，现代农业已经形成了从上游到下游的完整产业链条。农业发展应该将该链条中的所有环节视作一个有机整体，注重每一个环节的协同发展，以市场为导向，优化生产要素投入和资源配置，形成产供销一体化的供应链模式。

本书首先阐释了乡村振兴背景下农产品供应链创新于食品安全、流通效率提升、满足市场需求、增加农民收入等方面的重要现实意义。从供应链管理理论、交易成本理论、资源依赖理论三个方面构建了研究的理论基础，并对农产品供应链发展的国际经验以及我国农产品供应链发展的特点和现状进行了深入分析。随后对以下几方面内容进行了研究：一是农产品供应链创新的驱动因素。消费需求升级、竞争环境改变、技术进步、政策支持推动了农产品供应链创新。二是农产品电子商务供应链创新。分析了服务导向下的农产品电子商务供应链模式创新、农产品电商供应链的物流服务创新、基于社群经济的农产品电商供应链模式创新。三是“互联网 +”背景下的农产品全渠道供应链模式。探讨了全渠道模式下农产品供应链重组及农产品供应链的全渠道模式。四是基于农民合作社的农产品供应链创新。农民合作社是农产品供应链中的重要主体，是推进农产品供应链创新的重要力量。分析了基于农民合作社的农产品供应链模式创新、农产品质量安全控制以及农民合作社的治理机制问题。五是基于食品安全的农产品供应链协同创新。在探索农产品质量安全问题成因的基础上，分析了农产品供应链的协同质量管理、农产品供应链核心企业的质量协同策略、农产品供应链协同的质量管理技术体系问题。六是农产品供应链关系管理。分析了农产品供应链关系的本质、我国契约型农产品供应链的关系属性，并对契约型农产品供应链的交易关系稳定性进行了实证研究。七是推进农产品供应链创新的对策建议。在完善法律法规体系、培育新型农业经营主体、基础设施建设、农产品供应链信息化、金融支持等方面提出了对策建议。

目录

第 1 章 绪　论

我国既是农产品消费大国，也是农产品生产大国，农业是国民经济发展的基础产业。我国农业的发展已经取得了举世瞩目的成就，农业生产力水平不断提高，成功解决了温饱问题，农民收入持续增加，对世界粮食安全和减贫事业也做出了重大贡献。尽管如此，面对复杂的外部环境，农业发展仍面临诸多挑战。粮食安全仍存在结构性矛盾，食品安全需求越来越凸显，农业生态安全压力不断增大，农业生产成本持续增加。“三农”问题始终是党和国家最为关注的问题，连续多年的中央一号文件都是针对“三农”问题。在我国经济由高速增长转向高质量增长的大背景下，农业发展也势必要经历由传统农业向现代农业的转型，表现为由追求发展速度向追求发展质量的转型、由追求数量满足向追求质量安全的转型、由追求产品向追求品质和服务的转型、由追求规模化发展向追求绿色生态发展转型。要实现上述转型的关键在于促进大量、分散经营的小农户与现代农业的衔接。为了推动小农经营与现代农业的深度融合，应加快推进农产品供应链创新。中共十九大提出了乡村振兴战略，并将乡村振兴战略列为全面建成小康社会需要实施的七大战略之一，是新时代做好我国“三农”工作的总抓手。在乡村振兴战略的大背景下，探索如何推进农产品供应链创新对于发展壮大乡村产业，促进农村产业振兴和农民富裕具有重要的现实意义。

1.1 以农产品供应链创新为切入点助力乡村振兴

中共十九大报告提出实施乡村振兴战略，按照“产业兴旺、生态宜居、乡风文明、治理有效、生活富裕”的总要求，建立健全城乡融合发展体制机制和政策体系，加快推进农业农村现代化。2018年9月，中共中央、国务院印发了《乡村振兴战略规划（2018－2022年）》，提出“按照现代化经济体系的要求，加快农业结构调整步伐，着力推动农业由增产导向转向提质导向，提高农业供给体系的整体质量和效率，加快实现由农业大国向农业强国转变”。2018年的中央一号文件《中共中央国务院关于实施乡村振兴战略的意见》提出“重点解决农产品销售中的突出问题，建设现代化农产品冷链仓储物流体系，打造农产品销售公共服务平台，健全农产品产销稳定衔接机制，鼓励支持各类市场主体创新发展基于互联网的新型农业产业模式，加快推进农村流通现代化”。同时提出了推进农业生产全程社会化服务，发展多样化的联合与合作，通过新型农业经营主体打造品牌、帮助小农生产对接市场等一系列政策意见。2017年10月，国务院办公厅印发《关于积极推进供应链创新与应用的指导意见》，意见提出创新农业产业组织体系，鼓励新型农业经营主体合作建立集农产品生产、加工、流通和服务等于一体的农业供应链体系，推动农产品供应链信息平台建设，提高农产品供应链的质量安全追溯能力。

由于我国农业生产的分散性及小规模经营，加之农产品物流成本高、效率低，使得农产品生产、流通及加工难以形成紧密联系，农民难以分享农产品在流通及加工过程中的增值收益。在互联网时代，农产品市场的消费特征已经发生深刻变化，消费者在农产品消费中越来越追求品质化、便利化、个性化，对高端农产品及服务的需求呈现出高速增长的趋势。要实现小农生产与市场需求的有效对接，连接农产品的生产、加工、流通以及服务环节，关键在于农产品供应链创新。农产品供应链创新是破解当前“农产品上行”难题的重要路径，是推进乡村振兴和农民增收的重要动力。

1.2 推进农产品供应链创新的现实意义

产业兴旺是乡村振兴的基础，推进农产品供应链创新发展是促进乡村产业振兴的关键。经过多年的发展，我国的农产品供应链流通体系在保障农产品供应、稳定农产品价格、促进小农户与大市场的衔接方面发挥了重要作用。随着经济社会的快速发展，以及互联网越来越深地嵌入经济和生活，农业的市场竞争、产品结构、产业结构、农产品的消费行为正在发生深刻变化，我国农业的转型升级成为必然，由追求产量转向追求质量、由追求速度转向追求效益。当前的农产品供应链已经难以适应农业转型升级和农业现代化发展的要求，具体表现为食品安全问题依然严峻、农产品流通效率有待提高、农产品供应链对客户需求的响应程度和反应速度不快、农产品供应链关系水平有待提高、农产品冷链物流发展滞后等方面。推进农产品供应链创新对于解决上述农业发展中的问题具有重要的现实意义。

1.2.1 有利于提升农产品质量安全水平

当前，我国的食品安全问题依然严峻。化肥和农药的过量使用、耕地和水资源的污染造成了农产品生产源头的污染，进而影响农产品质量安全。我国的粮食总产量占世界的16%，但化肥使用量却占世界的31%，每公顷土地的化肥用量是世界平均水平的4倍，过量使用的化肥通过沉降作用给地下水水质和耕地质量造成了负面影响。在农药使用方面，我国每年的农药使用量达到180万吨，但农药的有效利用率却不足30%，单位耕地面积的农药使用量是世界平均水平的2.5倍，过量的农药使用同样造成了土壤和地下水污染。过量使用的化肥给农产品质量安全造成了巨大隐患，农药、化肥残留已经成为当前消费者最为担心的食品安全问题。同时，随着工业化、城镇化的快速发展，我国土壤污染的形势也比较严峻，土壤中中度污染和重度污染的占比达2.6%，轻度污染的土壤约占11%。在耕地方面，中度污染和重度污染的耕地占比达2.9%，而且污染速度有加快的趋势①。耕地是农产品生产的基础，耕地污染必然会影响农产品质量安全，造成农产品重金属含量超标等食品安全问题。

组织结构决定农户的生产行为，小农户的分散经营是造成我国农产品质量安全问题的重要原因。沙维尔（Shavell，1987）认为企业规模和市场结构会影响企业对安全产品的供给。农户家庭生产会弱化对农产品质量控制的动机，哈格多恩（Hagedorn，2003）认为农户一般不愿意接受来自外界的对其生产要素进行重新配置的安排。马托普罗斯等（Matopoulos A et al.，2007）认为有效的农产品供应链组织和运营模式是解决农产品质量安全问题的长效机制之一。为此，创新农产品供应链的组织结构和模式对于加强农产品质量控制及提升农产品质量安全水平具有重要意义。

1.2.2 有利于提升农产品流通效率

当前，以批发市场为核心的农产品流通体系是我国农产品流通的主渠道。农产品生产出来后，经由经纪人、产地农产品批发市场、销地农产品批发市场、零售端进入消费者手中。传统的流通组织的生存机制在于其“专业化”（谢莉娟，2015）。以农产品批发市场为核心的农产品流通渠道在对接小农户与大市场、保障农产品供给中发挥了重要作用。2016年，全国农产品批发市场的农产品交易量达8.5亿吨，交易额达4.7万亿元。尽管如此，以批发市场为核心的农产品流通渠道存在着流通链条过长、信息不对称等问题。近年来，农产品“买难卖难”问题屡见不鲜，农产品的产

① 经济日报：我国化肥农药的使用量触目惊心，土壤贡献率比40年前下降10%！［EB/OL］. 搜狐网，http：//www.sohu.com/a/158417253_237392，2017－07－19.

销衔接不畅问题仍然比较突出，农产品价格“过山车”问题不时出现，农产品损耗比较严重。一方面，部分农户种植的优质农产品没有销路；另一方面，消费者对优质农产品有着大量需求，两者之间的衔接不畅问题较为严重。现实中经常出现农产品在产地没有人要，在销地的市场中价格却比较贵。造成产销衔接不畅的主要原因包括以下几方面：一是信息不对称。农产品生产者与需求者的信息沟通渠道不畅，供给与需求信息无法实现有效衔接，农产品生产者特别是分散的小农户难以准确获取市场需求信息或者获取成本较高，农户通过正规渠道获取需求信息的比例还比较低。二是流通成本高。由于流通链条长、环节多，造成价格层层加码，产地的低价格与销地的高价格形成鲜明对比；同时，冷链物流服务发展滞后，采用冷链物流的农产品比例较低，使得农产品的损耗率与发达国家相比还有较大差距，发达国家的农产品损耗可以控制在5%以内，而我国的农产品损耗则在25%～30%之间。三是“最后一公里”问题。很多优质农产品产区的产地市场发展比较滞后，还没有形成规模化和专业化的市场服务体系；特别是很多贫困地区的交通运输、通信等基础设施比较落后，缺少保鲜库、预冷库、冷藏车等冷链设施，特色农产品分选和包装的水平不高，使得很多优质农产品无法真正到达消费者手中。

以加强农产品“产销衔接”为中心推进农产品供应链创新对于提升农产品流通效率具有重要意义。通过减少农产品流通的中间环节可以缓解农产品供应链中的信息不对称、农产品损耗大等问题。以“产销衔接”为中心推进农产品供应链创新可以更好地发挥流通的先导作用，引导农业生产更好地满足市场需求，促进中高端市场的农产品消费；可以缓解农产品的“卖难买贵”问题，使农产品“产得出、产得好、卖得好”，推进农户小生产与大市场之间的有效对接。同时，农产品供应链创新对于贫困地区发展特色优势农产品产业，拓宽贫困地区的农产品销售渠道，助力贫困地区的农户增收也具有积极作用。

1.2.3 有利于提升农产品供应链对市场需求的响应程度

当前，我国农业的主要矛盾已经从过去的总量不足转为农产品供给的结构性矛盾，表现为农产品阶段性的供过于求和供给不足并存。一方面，农产品的供给数量存在结构性矛盾，即供需不平衡，有些农产品供大于求，有些农产品则是供不应求，如玉米就是供大于求，造成库存增加。另一方面，农产品供给质量与数量之间存在结构性矛盾，表现为中低端农产品供给充足甚至过剩，而安全优质农产品供给不足。农产品的有效供给无法适应消费需求的升级。以水果为例，随着居民收入水平的不断提高，消费者对高品质、有机、知名品牌、高价值的水果需求越来越多，但当前的水果供应却难以满足消费者对高品质水果持续增加的需求。同时，农产品的深加工和精加工程度不够，难以满足较高层次的市场需求。

随着居民收入水平的不断提高及生活方式的改变，消费者对农产品的需求结构正发生深刻变化，对高质量、优质、特色农产品的需求量将在未来持续增加，对从农田到餐桌的食品供应链的整体质量安全要求不断提高。传统的农产品供应链结构和运行模式已经难以满足消费升级的需求。农产品供应链的结构优化和商业模式创新对于促进农产品的供需平衡、提高农产品的供给质量、优化农业的产品结构和生产结构具有重要意义。

1.2.4 有利于改进农产品供应链关系水平

农产品供应链创新既是对供应链组织结构和商业模式的创新，又是对供应链关系的重塑，其本质是创新农户与农产品供应链其他主体间的利益联结机制。通过农产品供应链创新，可以提升农产品供应链的交易稳定性以及农产品的供给质量，同时可以带动农民增收，促进农户与农产品供应链中其他主体建立长期稳定的合作关系，实现农产品供应链整体绩效的提升和供应链不同主体间的共赢。

1.2.5 有利于增加农民收入

农产品产销衔接不畅以及渠道权力不对称使得分散经营的小农户无法在优质农产品的生产中获得应有的收益。通过供应链创新可以改变传统农产品供应链的冗长流程，重塑和优化农产品供应链结构，加强农户和农民合作社在供应链利益博弈中的谈判力量，推进农产品的集约化、标准化以及品牌化生产，实现农产品生产者与消费者的直接对接，减少流通中的中间环节，使农产品供应链的收益更多为农民所分享。同时，农产品供应链的转型升级可以使农产品的品质保障能力得到加强，通过冷链物流体系建设可以大大降低农产品在流通过程中的损耗程度，提升农产品的品质以及附加值，农户或合作社可以通过错季销售农产品应对可能出现的滞销情况，缓解“菜贱伤农”现象，增加农民收入。此外，通过创新农产品供应链模式可以助推我国优质农产品“走出去”，使我国的农业经营主体更加深入、广泛地融入全球农产品供应体系，带动农民收入的增加。

1.3 农产品供应链创新的内涵

库珀、兰伯特和帕格（Cooper，Lambert & Pagh，1997）提出供应链管理的框架包括商业过程、管理要素、供应链结构三方面内容。本书将基于库珀等人提出的供应链管理框架，从商业过程、管理要素、供应链结构三个方面，分析乡村振兴背景下的农产品供应链创新问题。美国奥地利籍经济学家约瑟夫·熊彼特认为创新的形式包括以下五种：新产品的采用、新生产方式的引入、新市场的开辟、新的生产原料的获取或控制、新的工业组织形式的实现。对于农产品供应链来说，商业过程创新即通过整合和优化供应链资源，产生新的产品、服务、业态或产业，实现农业产业优化和农产品或服务升级。农产品供应链管理创新即通过计划、控制和组织行为建立供应链的合作伙伴关系，提升农产品供应链的运作效率，农产品供应链管理创新涉及供应链关系管理、供应链协同、供应商管理等多方面内容。农产品供应链结构创新即通过优化农产品供应链的组织结构、网络节点结构、层级结构，以快速响应消费者的需求、提升供应链的协同性和整体绩效。

1.4 本书的结构安排与研究内容

供应链创新是促进农产品产销有效衔接的关键，通过供应链流程优化和资源整合可以加强从农产品生产到消费的各个环节的有效衔接，从而保障农产品质量安全和提高农产品供应链效率。本书将从上文所述的商业过程创新、管理创新、结构创新三个维度深入分析乡村振兴背景下农产品供应链创新问题，探索农产品供应链发展的新理念、新技术、新模式，以促进农村第一、第二、第三产业的融合发展，推进小农户融入现代农业发展。本书的章节安排如下：

第 1 章 绪论。分析乡村振兴背景下农产品供应链创新的必要性与重要意义，界定主要研究内容。

第 2 章 理论基础。以供应链管理理论、交易成本理论、产业组织理论为核心构建农产品供应链创新的理论基础。

第 3 章 农产品供应链发展的国际经验。对美国、日本、荷兰的农产品供应链组织模式及管理特点进行分析，总结对我国农产品供应链创新的启示。

第 4 章 我国农产品供应链的特点及发展现状。探讨我国农产品供应链的特点，分析我国农产品供应链的发展现状。

第 5 章 农产品供应链创新的驱动因素。从需求、技术、政策等方面分析农产品供应链创新的驱动因素。

第 6 章 农产品电子商务供应链创新。从服务导向视角分析农产品电子商务供应链的模式创新；探索农产品电子商务的物流创新；分析基于社群经济特点的农产品电子商务创新模式。

第7章“互联网+”背景下的农产品全渠道供应链模式。探讨“互联网+”背景下的农产品全渠道供应链的模式与战略。

第8章 基于农民合作社的农产品供应链创新。分析基于农民合作社的农产品供应链模式创新、农产品供应链源头质量控制以及合作社治理问题。

第9章 基于食品安全的农产品供应链协同创新。探讨农产品质量安全问题的成因、农产品供应链的协同质量管理机制和策略、农产品供应链协同质量管理的技术支撑体系。

第10章 契约型农产品供应链关系管理。分析供应链关系管理对农产品供应链运行的重要意义，探讨契约型农产品供应链的关系水平对交易稳定性的影响。

第11章 推进农产品供应链创新的对策建议。探讨乡村振兴背景下农产品供应链创新的政策建议。

第2章

理论基础

本章将主要分析与本书研究相关的理论。亨德里克（Hendrick，2003）将有关农产品供应链与网络的研究分为三个方面：一是供应链管理（SCM），供应链管理强调过程优化，研究从田园到餐桌的整个链条的流程优化；二是经济组织方法，以经济理论和组织理论为基础探讨交易的治理及参与者行为；三是网络方法，重点关注企业间的多重关系，从组织关系视角研究供应链问题。基于此，本书将分别对供应链管理理论、交易成本理论和资源依赖理论进行阐释。

2.1 供应链管理理论

2.1.1 供应链管理概念

供应链由直接或者间接地满足顾客需求的不同类型主体组成，包括制造商、供应商、分销商、物流服务商、零售商以及最终顾客等，在供应链中信息流、物流、资金流持续流动，实现供应链不同环节之间的彼此相连。门策等（Mentzer et al.，2001）认为供应链管理是一种对特定企业内部以及供应链不同主体之间的针对传统商业功能在系统和战略层面、策略层面的协同，目的在于改进企业和整个供应链的长期绩效，并提出供应链管理应包含以下活动：整合的行为、相互共享信息、相互共享风险和收益、合作、共同关注客户服务、流程整合、建立和维护长期的合作伙伴关系。马士华（2010）将供应链管理定义为：供应链管理就是使供应链运作达到最优化，以最低的成本和最好的服务水平，通过协调供应链成员的业务流程，使供应链从采购开始，到满足最终顾客的所有过程，包括工作流（work flow）、物料流（physical flow）、资金流（funds flow）和信息流（information flow）等均能高效地运作，把合适的产品以合理的价格及时准确地送到消费者手上。此外，还有很多学者也从不同角度对供应链管理进行了定义，表 2－1 列示了部分国外学者对供应链管理定义的描述。

表 2－1　　　　部分国外学者关于供应链管理定义的描述

学者	定　义
蒙克萨、特伦特和汉德菲尔德（1998）	供应链管理需要将传统的、分离的物料管理功能看作一个统一的过程，由一个专门负责协调整合物料流动过程的经理人来负责，还需要与供应商在多个层次上建立联合关系。供应链管理是这样一个概念，其主要目标是从系统的观点跨职能、跨供应链主体整合和管理原材料的采购、流动和控制
拉隆德和马斯特斯（1994）	供应链战略包括：两个或多个供应链主体进入一个长期的协议；……发展信任与关系的承诺；……需求与销售数据共享的物流活动整合；……物流过程轨迹控制的可能性
史蒂文斯（1989）	供应链管理的目标是同步化客户的需求与供应商物料的流动，以实现看似矛盾的高客户服务水平与低库存管理之间的一个平衡效果
霍利汉（1988）	供应链管理与经典材料和制造控制的区别：第一，供应链被视为一个单一的过程。供应链中的制造、采购、批发、销售等不同环节的责任不是分散的，而应该被归为一个统一的过程；第二，供应链管理最终要依靠战略决策的制定。“供应”是供应链中几乎所有职能的共同目标，由于其对总成本和市场份额的影响，所以具有特殊的战略意义；第三，供应链管理要求以不同的视角看待库存，将库存视作一种平衡机制；第四，供应链系统需要一种新的方法，是整合而不是简单对接
琼斯和赖利（1985）	供应链管理涉及物料从供应商到最终用户的全部流动过程
库珀等（1997）	供应链管理是一种一体化的思想，用于管理从供应商到最终用户的分销渠道中的所有流程

资料来源：Mentzer J T，Witt W，Keebler J S，et al. Defining supply chain management [J]. Journal of Business Logistics，2001，22（2）：1－25。

2.1.2 供应链管理理论框架

库珀、兰伯特和帕格（1997）提出供应链管理的框架包括商业过程、管理要素、供应链结构三方面内容，如图2－1所示。商业过程即为特定的客户或市场需求而设计并生产的一系列产品及服务，它包括七个方面：客户关系管理、客户服务管理、需求管理、订单履行、采购、制造流程管理、产品开发和商业化。客户关系管理指识别关键客户及目标市场并为其设计提供产品和服务；客户服务管理指为客户提供服务接触界面，同时向客户提供产品或服务信息；需求管理指识别客户对产品的需求；订单履行指为客户及时准确地传递产品或服务；采购过程聚焦于管理与供应商的关系而非传统的价格竞争；制造流程管理指为客户提供他们需要的产品，强调生产过程的柔性及提供合适的产品组合；产品开发和商业化是指客户和供应商参与产品和服务开发，可以缩短产品进入市场的时间。管理要素包含了战略、运作、实物流动、信息流动、组织结构及文化等一系列内容，具体包括计划和控制、工作结构、组织结构、产品流设施结构、信息流设施结构、产品结构、管理方法、权力和领导结构、风险和收益结构、文化和态度。供应链是一个网链结构，由供应链核心企业以及围绕核心企业的多级供应商、多级用户组成的复杂系统。供应链结构涉及供应链的长度，以及供应链中不同环节的供应商和客户的数

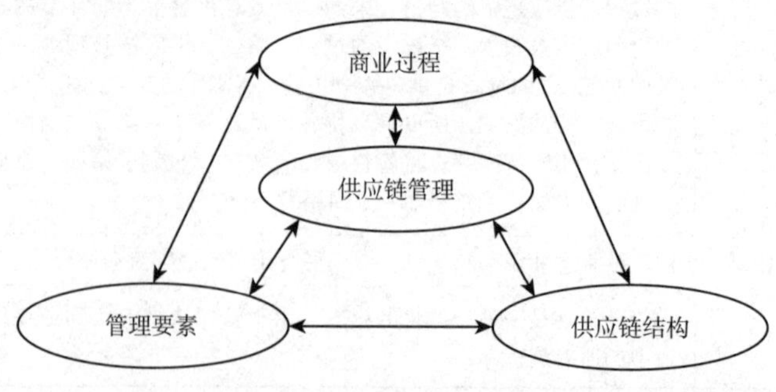

图2－1 供应链管理框架

量。产品的复杂程度、可以获得的供应商数量以及原料的可获性都是影响供应链结构的重要因素。

供应链的不同环节之间通过物流、信息流和资金流彼此连接，供应链管理即要围绕信息流、物流和资金流做出相关决策。门策等（Mentzer et al.，2001）提出了供应链管理的理论模型，如图2－2所示。在全球化环境下，通过对供应链的跨公司协同、跨功能协同以及供应链流动进行管理，实现客户满意、客户价值增值、企业盈利、获取市场竞争优势的目标。

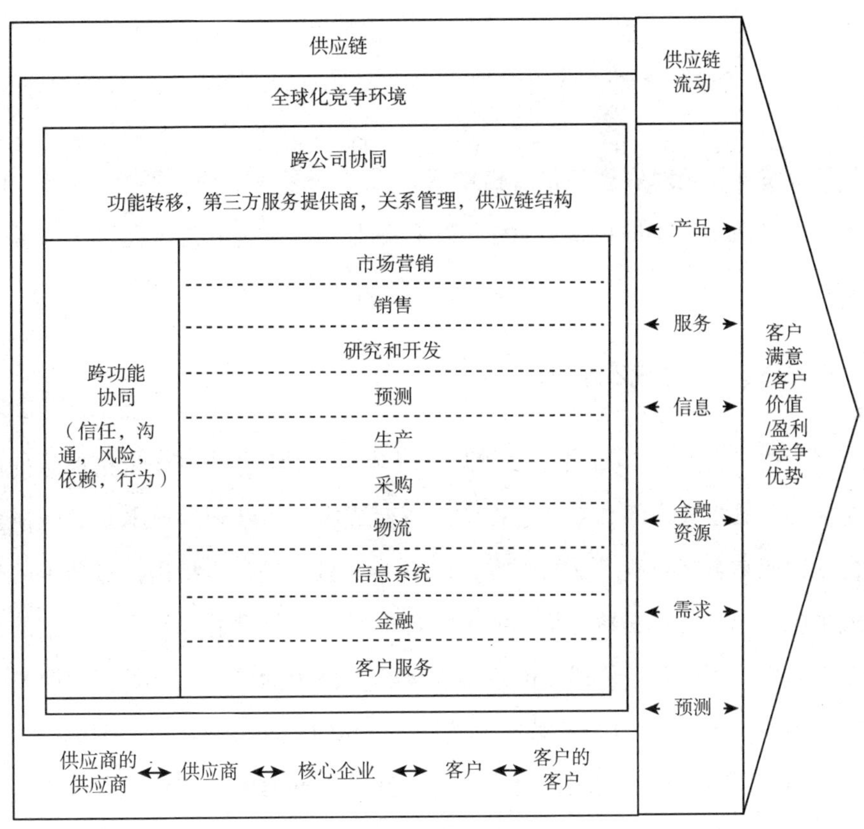

图2－2 供应链管理理论模型

供应链管理理论模型包括以下几方面内容：第一，全球化竞争环境。当前，企业是处在全球化的竞争环境之中，企业之间的竞争已经转变为供应链与供应链之间的竞争。第二，跨公司协同。通过合理设计供应链结构、加强供应链主体间的关系管理、外包及功能转移、第三方服务商选择实现跨公司协同。第三，跨功能协同。通过供应链管理，实现市场营销、销售、研究和开发、预测、生产、采购、物流、信息系统、金融、客户服务等部门的协同，增强不同功能部门间的彼此信任和相互依赖。第四，供应链流动。设计和管理供应链中的“流”对供应链的成功十分重要，这些“流”包括产品、服务、信息、金融资源、需求和预测。

2.2 交易成本理论

从经济学视角对农产品供应链的研究多从交易成本理论展开。1937 年，罗纳德·科斯（Ronald Coase）在《企业的性质》一文中首次提出了交易成本理论。

2.2.1 交易成本概念

罗纳德·科斯在 1937 年首次使用交易成本概念，指出基于价格信号的市场交易并不是零成本的，交易过程中的协商成本、缔结契约成本是无法避免的，并以此来解释企业成立的原因。1960 年，科思进一步指出：市场中的交易成本应该包括搜寻交易对象的成本、告知对方交易意愿以及交易条款的成本、交易中协商以及讨价还价的成本、契约实施中的监督成本等。威廉姆森（Williamson，1985）、林德弗莱施和海德（Rindfleisch & Heide，1997）认为市场交易是通过契约实现的，为此可将交易成本分为事前交易成本及事后交易成本。其中事前交易成本包括起草及订立契约成本、信息搜寻成本、协商成本等；事后交易成本包括保障契约实施的监督成本、由于契约订立或执行不当可能引起的重新协商、重新起草、重新实施的调整成本。阿罗（Arrow，1969）指出交易成本的本质是经济系统运行的成本。交易成本可以分为两类，一类是随资源分配方式改变而变化的真实成本；另一类是与经济组织模式相关的成本，来源于沟通和信息交流的成本、订立契约的成本以及冲突解决成本。

2.2.2 交易成本的影响因素

威廉姆森提出了影响交易成本的两类因素；一类是交易主体的行为，包括有限理性和机会主义；另一类是交易的性质，包括不确定性、资产专用性和交易频率。

交易主体行为的有限理性以及机会主义行为是交易成本经济学的两个基本假设。有限理性是西蒙（Simon）于 1959 年提出的概念，认为人们获取和处置信息的能力是有限的。尽管人们试图做到完全理性，但理性总是有限的。如果人与人之间彼此坦诚、相互信任的话，有限理性并不会导致高交易成本。但实际情况是行为人有时会故意欺骗他人，使得原本可以信赖和推断的追逐个体利益最大化的行为变得无法预测，称之为机会主义行为，威廉姆森则将其称之为“阴谋诡计的逐利行为”。由于有限理性和机会主义的存在，交易主体必须投入更多的成本去获取信息、判断信息的真实性和评估风险。

交易性质对交易成本的影响包括以下几方面：第一，不确定性。不确定性主要源于两方面：一方面是交易主体的信息缺乏或者信息不对称（Williamson，1975），这既可能是交易对象客观上无法获得或观测到真实信息造成的，也可能是交易对象的机会主义行为造成的，即交易对象故意掩饰真实信息。另一方面是复杂性，交易的复杂性越高，不确定性就越高。当交易具有较高的不确定性时，交易双方就需要投入较高的成本去获取信息、订立契约及监督契约执行。第二，资产专用性。资产专用性是指投资于支持某项特定交易的资产，是最重要的交易属性（Williamson，1991）。威廉姆森（Williamson，1996）将资产专用性分为地理位置的专用性、人力资源的专用性、实物资产的专用性、专项资产、品牌资产的专用性。当交易对象的资产专用性程度较高时，交易双方的相互依赖程度就高，为此需要投入更多的资源进行专用性投资和维系长期的契约关系。第三，交易频率。交易频率是指重复交易的次数。资产专用性可能导致交易重复发生，如果该交易需要期初的专用性投资，那么将会增加交易频率，从而降低每次交易的平均成本。

2.2.3 交易属性与治理结构

只有当交易活动与治理结构相匹配时，才能有效降低交易成本。威廉姆森（Williamson，1991）指出当资产专用性程度较高时，如果交易双方还想继续保持独立，为维系长期交易关系和进行专用性投资就需要投入大量成本。如此，还不如建立科层制结构，虽然会增加官僚成本，但这些成本会由于双边适应性增强带来的收益而弥补。威廉姆森（Williamson，1991）提出了三种治理结构，分别为市场制、混合制、科层制，其中，资产专用性越低，越应选择市场制，反之应选择科层制。

2.3 资源依赖理论

资源依赖理论是从开放视角研究组织发展问题，是组织和战略管理领域最有影响力的理论之一。目前已经广泛应用于跨组织关系、兼并收购、合资与联盟等领域的研究之中。

2.3.1 资源依赖理论基本假设

资源依赖理论是从企业外部关注企业，认为企业需要依赖与控制关键资源的供应商或竞争者进行交易以维系其发展。资源依赖理论主要基于三个基本假设：一是企业需要资源，但自身却不能生产这些资源；二是企业必须与外部环境中的相关主体（供应商、客户、竞争者、规制者）进行互动以获取资源，如此就形成了对外部环境和企业组织的依赖（Heide，1994）；三是为了减少不确定性，维系依赖关系，企业需要与组织建立正式或非正式的联系使得交换关系结构化（Ulrich & Barney，1984）。

2.3.2 资源依赖理论内容

普费弗与萨兰奇克（Pfeffer & Salancik，1978）认为资源是企业生存的根本，有些资源企业可以自己生产，但有些资源企业必须通过外部环境来获取。同时，很多资源难以在市场上通过定价进行交易，如知识，组织需要与掌握关键资源的其他组织进行互动，如此形成组织对资源的依赖。资源依赖理论的核心思想包括两方面：一是组织间的合作是建立在组织所拥有的资源具有异质性的基础之上；二是组织要通过不断改变自身的行为去获取外部资源，如合并或联合。资源依赖是驱动供应链组织生成的重要动力之一。

资源依赖理论认为组织对其他组织的依赖程度主要受两方面因素影响：一是资源控制力的集中程度；二是资源对组织的重要性程度。如果组织难以掌控同等的资源来应对供应链核心企业对其进行的控制，则会产生“不对称性依赖”，核心企业的净实力以及控制力就会增强。在此基础上，权力被引入到资源依赖理论之中，乌尔里奇和巴尼（Ulrich & Barney，1984）将权力定义为组织对其内外部关键资源的控制力。任何组织都想要弱化其他组织对它的权力，同时又试图强化其对其他组织的控制力。企业越依赖于外部组织，就越容易受到这些组织的影响，外部组织对企业的发展就越重要。爱默生（Emerson，1962）认为组织的权力一般只存在于其他组织对它的依赖中，即当该组织控制了其他企业发展所必需的资源，且这些资源不具备可替代性时。在此基础上，资源依赖理论提出了组织间相互依赖的两个维度：相互依赖和权力不平衡（Vijayasarathy，2010）。相互依赖指组织间的相互依赖程度；权力不平衡则指组织间依赖程度的不对称性（Lawler & Bacharach，1987）。普费弗与萨兰奇克（Pfeffer & Salancik，1978）提出企业可以采取整合、兼并、合资、多元化等方式减少对其他企业的依赖。跨组织关系的建立有利于降低外部环境的复杂性，有助于资源的获取（Elg，2000；Goes & Park，1997）。

第3章
农产品供应链发展的国际经验

由于自然资源、经济发展水平、社会体制、技术水平的差异，不同国家的农业发展和农产品供应链模式具有较大差异性。总的来说，可以分为三种类型：一是以美国和加拿大为代表的北美模式；二是以日本和韩国为代表的东亚模式；三是荷兰和法国为代表的欧洲模式。为此，本书将对美国、日本、荷兰这三国的农产品供应链组织模式进行分析，总结可借鉴的规律和经验，以期对我国农产品供应链创新提供启示。

3.1 美国经验

美国是农产品生产大国和出口大国，其农产品生产具有规模化、专业化、智能化的特点，美国的农业已经发展成为技术密集型与资本密集型产业，农业生产效率和技术贡献率很高。当前，美国已经构建了发达的农业产业化体系，其农产品供应链发展具有以下特点：

(1) 农产品供应链中间环节少。美国农业生产的规模化和集中化程度很高，其生产具有明显的区域专业化特点。产地集中既带来了货量集中，提高农产品生产者在供应链中的谈判议价能力，又带动了农产品产地周边运输、仓储、批发、加工等基础设施建设，带动批发市场、农产品仓库、农产品加工企业的规模化发展，有利于减少农产品流通环节、降低物流成本和农产品损耗。同时，20世纪八九十年代美国的大型连锁超市和零售企业迅速发展，食品零售行业的市场集中度不断提升，为农产品产销对接交易模式的发展提供了基础。大型连锁超市或餐饮机构可以通过直接采购或契约方式实现农产品的产销对接。大型连锁经营的销售商在农产品供应链中发挥十分重要的作用，产销对接模式减少了农产品供应链的中间环节，提升了农产品供应链的运作效率。

（2）科技提高农产品供应链效率。一是采用先进的农产品保鲜技术延长农产品的保鲜期。二是构建了全程冷链物流系统，减少农产品在物流过程中的损耗。农产品收货后即进行预冷，直至销售到消费者手中的物流过程一直是冷链状态。三是发达的运输和仓储网络促进了农产品的跨区域大流通，使农产品可以很快从产地运送至消费者手中①。四是应用信息技术使农产品供应链更加智能化。美国农业的信息化水平较高，构建了相对完善的农业信息化支撑体系，这个体系包括农业信息系统、农业生产数据库、农业经济数据库、农业遥感技术、地理信息系统、全球卫星定位系统、无线射频身份识别系统等。通过农业信息系统平台，农业生产经营者可以及时、完整地获得市场信息，并以此为基础动态调整农产品的生产和销售策略，减少农业经营的市场风险和自然风险。利用农业遥感技术，农业生产经营者可以实现农业生产过程的精细化管理；利用无线射频技术可以实现农产品从生产、物流、加工到销售的全链条追溯。

（3）先进的农产品供应链管理。一是先进的农产品流通信息发布制度。美国农业部收集并发布农产品销售的实时市场信息，这其中绝大部分信息属于经营者自愿提供，但畜产品的信息属于强制性报告。美国农业部农产品销售局向全国20多个观察点派驻数十名专业人员，专门负责收集所在区域市场的农产品信息，主要包括价格、农民、运输商、批发商使用运输工具的情况。农产品销

① 美国农产品流通基本情况［EB/OL］. 新华网，http：//us. xinhuanet. com/2017 - 03/07/c_129503143. htm，2017 - 03 - 07.

售局将收集到的信息编制成年报、月报、日报等资料，并提供给不同类型用户参考和使用。二是运输信息的动态分析。美国农业部农产品销售局实时动态监测国际国内市场中美国农产品的流通信息，并提供给农产品生产经营者进行参考；同时动态分析自然灾害对农产品流通的影响。三是对农药数据和微生物学数据的收集制度。美国农业部农产品销售局定期收集农产品和饮用水中的农药兽药残留数据，并与政府和研究机构合作建立了有关农药兽药残留信息的数据库，开展农产品质量安全风险评估，保障农产品质量安全。

（4）农产品供应链管理法规和制度。为了加强对农产品供应链的管理，稳定农产品供应和价格，美国构建了相对完善的法律和制度体系。一是出台了相关法律，包括《1937年农产品销售法》《1946年农业销售法》《2008年食品保护和能源法》等综合性法律；《1999年畜产品强制报告法》等规范市场信息方面的法律；《1982年易腐烂食品国际运输法》等物流方面的法律；《植物品种保护法》等农产品分级和植物保护方面的法律；《1983年乳制品稳定法》《1996年商品促进研究和信息法》等市场保护和促进方面的法律；《易腐烂农产品法》《联邦食品、药物和化妆品法》《联邦杀虫剂、杀菌剂和杀鼠剂法》等食品安全控制方面的法律。二是制定相关稳定农产品供应和价格的制度。当某种农产品的市场价格大幅度降低，严重损害农业生产者利益的时候，相关的农产品行业协会可以向农业部农产品销售局提出应急政府采购申请，农业部专家在对该类农产品市场状况、变化趋势进行分析确定后，可以向农业部部长提出农产品应急采购建议。采购后的农产品存放于食品仓库之中，必要时向有需要的人群提供。如此可以稳定农产品的市场价格，保障农业生产者的利益。同时，为了支持弱势群体，根据美国的学校午餐计划及其他食品援助计划，由政府出资购买水果、蔬菜、肉类等农产品免费向学生和其他弱势群体提供①。

---

① 美国农产品流通基本情况［EB/OL］. 新华网，http：//us. xinhuanet. com/2017 - 03/07/c_129503143. htm，2017 - 03 - 07.

（5）农业的社会化服务体系比较完善。一是农产品供应链中的经营主体比较成熟。很多大型农产品加工企业、物流企业、销售企业已经成为农产品供应链的核心，大型农产品加工或销售企业可以完成从农产品生产、加工、物流、销售的全过程；同时，企业与农产品生产者依据“契约形式”建立了相互信任、长期稳定的合作关系，不同类型的经营主体按照契约约定分别进行农产品的生产、加工或销售。二是农业生产的社会化服务体系比较发达。各种专业化的农业服务公司可以提供农产品产前、产中、产后的全流程专业化服务，具体包括：农产品产前的生产资料供应服务；农产品产中的耕地、播种、施肥、收割等服务；农产品产后的运输、存储、营销、销售等服务。专业化、规模化的农业生产社会服务将农业生产的产前、产中、产后环节紧密衔接，极大提高了农产品供应链效率。

3.2 日本经验

日本农业属于典型的东亚模式，具有人多地少、小规模生产为主的特点，在一定程度上同样存在着“小生产与大市场”的矛盾。经过多年的发展，日本构建了以农产品批发市场为核心的农产品供应链体系。日本的农产品供应链具有以下特点：

（1）日本农协组织在农产品供应链中发挥重要作用。1994 年，日本颁布并实施了《农业协同组织法》，促进了日本农协组织的快速发展。日本农协设置了三层系统的组织体系，从高到低依次为中央农协、县级农协、基层农协，各级农协组织关系密切，可以统一行动。农协的职能包括农产品销售、农业生产资料采购、金融及农业技术服务、经营指导等；同时，农协也会为农户提供生活性服务。农协在连接小农户与大市场、小农户与政府之间发挥着重要作用。在生产方面，农协通过对生产资料的集中采购可以降低成本；农协还会对农民的生产过程进行指导，包括种植结构优化和新产品开发、生产计划合理安排、生产技术提高等。在销售方面，农协通过农产品集中销售可以减少中间商压价的可能性，也可以避免小农户之间的价格竞争，保护农民的利益。在社会服务方面，农协通过自建的金融体系可以为小农户提供信贷服务，同时农协还建立了农业风险基金制度，增强农业抵御自然风险的能力。

（2）以批发市场为核心的农产品供应链。日本农产品供应链的重要特征之一就是批发市场的重要作用。农产品批发市场的主要功能包括农产品集散、服务、价格形成、结算和信息功能等。日本的农产品批发市场体系由中央批发市场、地方批发市场、其他类型批发市场构成。批发市场中的交易主体包括批发商、中间批发商、买卖参加者、采购者四类。批发市场中的农产品交易方式主要有拍卖和协商议价两种，其中拍卖是主要交易方式。为了提升批发市场的农产品流通效率，日本颁布的《市场法实施细则》规定到达批发市场的农产品必须当日上市、全量出售，禁止中间商或零售商直接采购农产品，禁止批发市场内的批发商与场外的团体或个人开展批发业务。

（3）农产品物流体系比较完善。一是建立了完善的农产品冷链物流体系。日本建立了包括预冷、整理、存储、冷冻、运输在内的完备的冷链物流体系，并设计了一体化的冷链供应链协调管理方式，农产品产后的商品化处理率非常高。日本农产品冷链物流比例十分高，大部分农产品都是使用冷藏车和保温集装箱进行运输。二是严格精细的农产品分级和包装。日本十分重视农产品特别是生鲜农产品产后的分级和包装。设计了科学的农产品分类标准，根据农产品类型和品质的不同进行分级；销售到市场中的农产品都进行了规范的包装，如此不但有利于农产品保鲜，更有利于提升农产品的品牌价值，同时也为顾客购买带来了便利。三是日本农产品的加工比例较高。通过加工环节提升了农产品的附加值。当前，日本农产品产后的加工比例已经达到60%以上，加工转化后农产品价值至少可以增加2~3倍[①]。

---

① 日本农业深度报道之一：农产品流通［EB/OL］. 搜狐网，https://www.sohu.com/a/115176866_475921，2016-09-27.

（4）相对完善的法律和市场监控体系。一是日本先后颁布了《中央批发市场法》《批发市场法》《批发市场实施令》《批发市场规则和市场运行规则》等法律，为农产品供应链发展和农产品流通效率的提升提供了法律保障。二是建立了严格的市场准入制度。一方面，建立了农产品准入制度，对农产品的质量认证、包装及分级、品牌和信誉等都做出了要求；另一方面，建立了市场经营主体的准入制度，农产品批发市场的建设应得到政府批准，批发商、中间批发商、其他参与者也要经过严格的资质认证才能进入农产品批发市场进行交易。

3.3 荷兰经验

荷兰虽然国土面积较小，但却是世界农产品出口大国，这与其高效、先进的农产品供应链体系有关。荷兰的农产品供应链具有环节少、损耗低、组织化和标准化程度高等特点。

（1）农产品供应链的高度组织化。荷兰农户的组织化程度较高，大部分农户都参加了合作社，合作社在农产品供应链中扮演着重要角色，为农户提供农产品销售、信息服务、技术和培训、融资贷款等服务。在蔬菜水果、花球、谷物等农产品领域，荷兰的农产品生产者大多是通过自发组建的农民合作社与批发商和零售商进行议价，订立农产品销售契约。例如，由荷兰果蔬种植户共同组建的Coforta合作社通过其全资子公司The Greenery承担了大约900个农场的农产品销售工作，The Greenery与亚洲、欧洲、美国的大型连锁超市、农产品批发商以及农产品加工企业建立了紧密的合作关系。①

（2）高效的农产品拍卖机制。荷兰的农产品交易主要是采用拍卖模式，鲜花、水果、蔬菜等农产品通常采用拍卖交易方式。拍卖模式可以实现农产

---

① 荷兰农产品分销体制［EB/OL］. 中华人民共和国商务部网站，http：//www.mofcom.gov.cn/article/i/dxfw/jlyd/201411/20141100803014.shtml，2014－11－20.

品大规模销售问题，避免因价格竞争损害农产品生产者利益；可以实现供需对接，有利于农产品生产者获取市场需求信息；同时拍卖过程中的农产品监督与分级机制可以有效保证进入批发市场的农产品以合理的价格出售。以花卉交易为例，荷兰的花卉拍卖交易平台将花农与全球各地的鲜花批发商直接连接起来，其中世界著名的花卉拍卖公司 Flora Holland 为荷兰 7000 多家花卉种植户与全球 2500 多个买家提供了高效的交易平台，每天通过拍卖交易方式销售到世界各地的鲜花多达 3000 万份。

（3）农产品的智能化供应链。一是农产品生产的智能化。荷兰很多农产品的生产均实现了自动化，家庭奶牛农场多采用机器人挤奶方式；荷兰建立了世界一流的设施农业系统，并采用信息技术监控温度、湿度、光照、用水、病虫害防治等农产品生产过程中的信息。自动化控制不仅降低了年轻人进入农业的门槛，更提高了农业的生产效率。二是先进的物流技术和物流装备提高了农产品物流效率，降低了农产品损耗。三是建立了智能化的农产品供应链网络及交易中心，农产品生产者、批发商、零售商可以直接在网络上进行农产品交易，并实现农产品供应链信息的共享。

（4）实现了农产品供应链一体化运作。荷兰在甜菜、乳业、小牛肉等农产品行业均成立了覆盖农业全产业链的大型集团并进行统一内部收购，由集团直接从所属农场进行初级原料采购，并进行农产品加工和商品销售。以荷兰乳业巨头菲仕兰坎皮纳公司（Friesland Campina）为例，该公司拥有 1.4 万家奶牛场，每年收购牛奶约 1000 万吨，用于生产奶粉、奶酪、黄油、奶油等多种乳制品，不同类型的乳制品销售到全球 100 多个国家，实现了“从牧场到餐桌”的乳业全产业链管理。

（5）完善的农产品物流基础设施支撑。欧盟国家在农产品存储和运输方面都进行了较大规模投资，兴建了很多仓库、码头等服务设施，在农产品物流基础设施投入方面的补贴也十分大，以期借助合理的物流节点网络布局，打造快速通畅的农产品物流通道。荷兰虽然国土面积较小，但却拥有包含海港、空港、公路、铁路在内的发达的物流网络，且农产品生产基地多距物流节点较近，可以实现农产品的快速流通。当前，荷兰有约58%的蔬菜水果出口，花卉市场份额占世界的65%，且农产品物流过程中的损耗十分低，有时甚至低于5%。[①]

3.4 国际经验启示

国际经验对我国农产品供应链创新的启示主要包括以下几方面：一是构建农产品供应链创新的法律和制度环境。农业的发展离不开政策的支持，农产品供应链创新同样需要政策保障。为此，应构建完善的法律和制度体系，围绕农产品供应链创新设计良好的制度安排，包括规范和创新农产品交易制度、批发市场的市场准入制度、农产品质量安全管理制度等，从而稳定农产品市场供应、减少农产品价格波动、降低交易成本，保障农产品供应链的高效运行。二是农民组织化程度较高。从上文分析可以看出，无论是美国、日本还是荷兰，其农民的组织化程度均较高，农民合作社、农协等农民合作经济组织提升了农户的渠道权力和议价能力，可以使农民真正从农产品流通、加工环节分享到合理的收益。同时，农民生产经营组织化程度的提高还有利于加强农民、企业、市场之间的利益连接，促进农户与市场的衔接。三是农产品供应链的服务体系发达。在信息方面，农产品供应链的信息共享程度较高，可以实现对农产品供应链各环节的实时追踪、全过程管理和有效控制，有利于农产品供应链不同主体间的协同合作，积极应对供应链风险。在物流方面，美国、日本、荷兰等国均构建了发达的基础设施网络，有力地支持了农产品的运输、仓储及配送；同时，农产品加工和第三方冷链服务较为成熟，有效降低了农产品损耗，提升了农产品附加值。

---

① 石小春，范静．国外农产品物流模式的经验与启示［J］．商业经济研究，2017（3）：120－122.

第4章 我国农产品供应链的特点及发展现状

农产品供应链创新的主要目标在于解决小农户与大市场的对接问题，以实现农产品的产销衔接和增加农民收入。本章将探讨我国农产品供应链的特点，深入分析我国农产品供应链的发展现状。

4.1 农产品供应链的特征

农产品供应链是从食品的初级生产者到消费者各环节的经济利益主体（包括其前端的生产资料供应者和后端的作为规制者的政府）所组成的整体。

4.1.1 供应链长且复杂

从养殖和种植一直到形成最终消费，食品以其供应链长为首要特征，要覆盖种植养殖、屠宰、生产、流通以及餐饮管理等五个环节，并由此带来其复杂性。以美国生产和销售软饮料为例，其供应链与香料的萃取加工链、玉米甜料加工链、甜菜和甘蔗糖加工链、二氧化碳气体加工、水果栽培加工、化合防腐剂生产、净化水生产、铝听和钢罐加工、纸箱加工、饮料生产、运输、储存和分销、市场研究、营销与促销、零售等等有关。随着农产品供应链不断延长，不确定性因素会逐渐增多，其负面影响在供应链上被不断放大，导致协调与监控的难度增大。

4.1.2 供应链主体的多元分散性

农产品供应链的另一个特点表现为供应链中利益相关主体的多元分散性。在农产品生产源头，我国有2亿多以家庭为单位分散经营的农户；在食品生产加工环节，全国仅获得生产许可证的食品企业就达17万多家，这还不包括几十万家食品生产加工小作坊；在餐饮环节，大量中小餐饮企业并存，仅北京就有6万多家拿到餐饮服务许可证的单位，不包括小的食品摊贩。[①] 大量小农户、小作坊由于资金、成本、技术、理念的限制，不愿意进行提高食品质量的行为。在即期可见利润和投机心理的驱动下，容易生产不符合国家食品安全质量标准的食品。同时，面对数量如此庞大的监管客体，监管机构承受着沉重的执法负荷，加重了监管的困难。

4.1.3 供应链的信息不对称性

一般来说，只要是供应链就存在信息不对称问题，但食品供应链的信息不对称问题尤为显著。食品作为“信任品”，消费者一般不了解食品生产过程和工艺，很难凭其外观、广告信息或以往的购买经验来完全了解食品是否存在安全与质量隐患，甚至在食用之后也很难发现潜在问题。一般来说，要想识别食品安全质量信息，需要借助特殊的检测设备。信息不对称造成了食品交易中的买方不相信卖方的产品是高质量的，其倾向于出低价来购买产品，如乳制品企业不相信奶农的牛奶质量，不断压低奶源采购价格，并购买到低价低质的产品。这种过程的均衡状态是高质量的卖家被

---

① 刘刚，郭利．从监管走向治理：食品安全实现逻辑的转变［J］．江苏农业科学，2017，45（5）：312－315.

挤出市场而低质量的食品却留在市场上。食品安全质量信息的不对称成为食品供应链“机会主义行为”产生的内在激励，是影响食品质量安全的内在原因。

4.1.4　农产品供应链的关系不稳定性

由于食品供应链上大量存在着小规模经营主体，使很多交易都成为“一锤子买卖”，供应链成员间关系极其不稳定，关系主体间大多是一次博弈。以农产品生产为例，每一个农户都是无数市场供给者之一，需求方对单个农户的身份辨识度极低，每一次交易都可视为非重复博弈，农户行为对其长期收益和关联收益的影响较小，声誉机制对农户的约束力较弱。消费者无法通过声誉激励机制对生产低质量产品的农户进行惩罚，因此，每一次交易都可视为非重复的一次博弈，生产低质量产品并以高价出售将是农户的最优决策。不稳定的供应链成员间的协作关系将严重影响和制约食品供应链质量管理与质量投资激励。

4.1.5　农产品供应链的双重边际性

供应链双重边际性是指作为独立核算的法人和实体，供应链体系中“理性”的采购者和供应者在决策时更多地考虑自身利益最大化（Bartelsman et al.，1994），而较少关注供应链其他成员的利益。当供应链利益在不同成员间进行分配时，单方以个体利益最大化的决策来影响市场均衡，却导致另一方及供应链整体绩效的降低。供应链双重边际性产生的根源在于供应链上不同参与主体之间存在利益不一致和分配不合理，作用于信息不对称的环境中，加剧了供应链产品质量的恶化，导致委托代理理论中“激励失败”（incentive failure）现象的出现。双重边际性在供应链产品质量事件中表现为下游采购者为了降低成本或提高利润，不断压低产品的采购价格，而供应者面对低廉的采购价格则逐步调低产品质量，最终出现产品价格和质量“双降低”局面。

4.1.6 食品供应链的风险聚集性

食品供应链涉及的节点多，每个节点特性又有很大区别，而食品又是后验产品，在某个节点食品的质量问题不一定被发现，但这个不安全因素随着食品链会传递到下个环节，然后再和下个环节的不安全因素叠加，最后问题的严重程度扩大，形成了逐级放大的效应，因此问题波及面比较广，不容易控制。

4.1.7 农产品供应链对物流的要求更高

农产品具有非标准化、易腐性、易损耗等特征，对保鲜性有着更高的要求，同时很多农产品都是跨区域流通，更需要冷链物流来保障农产品的新鲜程度。为此，在农产品的运输和存储中对温度有着更高的要求。在存储方面，生鲜农产品的存储可以划分为五个温控区：常温、恒温（15℃～18℃）、8℃～15℃、0℃～8℃、零下18℃，不同类型的生鲜农产品对存储温度有着不同的要求。为保证农产品品质，在物流过程中应采取全程冷链的方式，针对不同农产品的特性进行精准温控及合适包装，同时使用专业的冷链物流设施，由此带来较高的物流成本。但是由于农产品的单位价格较低，且其需求呈现出小批量、高频次的特点，使得物流资源的投入受到成本限制。

4.2 我国农产品供应链的发展现状

我国是农产品生产大国同时也是农产品消费大国，农产品供应链的优化对于稳定农产品供应、提升农产品供给效率、化解农业小生产与大市场之间的矛盾具有重要作用，对于推进农村市场经济转型和农村经济发展具有重要意义。农业产业化的发展为农产品供应链创新提供了基础。2016年，我国农业经营户已经达到20743万户，这其中规模农业经营户达398万户，农民合作组织快速发展，以农业生产经营或服务为主的农民合作社达到91万个①，表4-1列示了我国农业经营主体发展情况。据农业部公布的第七次监测合格农业产业化国家重点龙头企业名单（数据截止到2016年底）显示，我国合格的农业产业化国家重点龙头企业数量达到1131个。

表4-1　　我国农业经营主体发展情况

项　　目	全国	东部地区	中部地区	西部地区	东北地区
农业经营户（万户）	20743	6479	6427	6647	1190
规模农业经营户（万户）	398	119	86	110	83
农业经营单位（万个）	204	69	56	62	17
农民合作社（万个）	91	32	27	22	10

注：农民合作社指以农业生产经营或服务为主的农民合作社。
资料来源：第三次全国农业普查数据。

随着经济社会的发展、技术的进步、农业产业化的发展，我国的农产品供应链已经呈现出多元化发展格局，新的农产品供应链主体不断出现，我国农产品供应链的多元化发展模式如图4-1所示。当前，我国已经形成了以农产品批发市场为核心的农产品供应链、以连锁超市为核心的农产品供应链、农产品电子商务供应链、以加工/餐饮企业为核心的农产品供应链等几种主要的农产品供应链模式。

4.2.1　以批发市场为核心的农产品供应链

改革开放以来，伴随着农村市场经济转型和农村经济的发展，我国农村市场迅速增长。从1985年开始，农产品流通体制改革全面启动，国家逐步放开统销统购的生产和流通市场。农产品生产量和品种迅速增加，产销区域范围也不

① 第三次全国农业普查主要数据公报（第一号）[EB/OL]．国家统计局网站，2017-12-14.

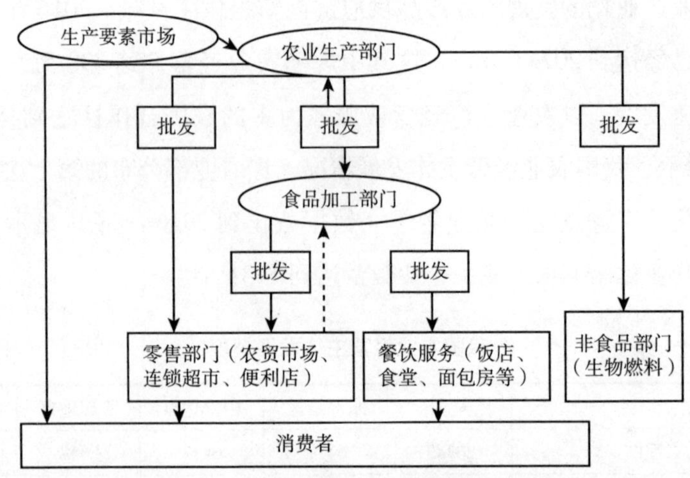

图4－1　我国农产品供应链的多元化发展模式

断扩大。由于国营和合作社经济逐渐退出了农产品流通领域，而小规模的集贸市场又无法组织和分销大规模农产品的异地交易，造成农产品产地与销地之间衔接不畅，农产品跨区域流通困难。为了解决各类区域性、小规模集贸市场面临全国性农产品大流通的问题和困难，各地纷纷建立农产品批发市场，很多典型的农产品专业批发市场依托农村集贸市场而发展起来，逐渐成为农产品流通的主渠道。如20世纪80年代山东寿光建立的农产品产地批发市场。在这个时期，农产品批发市场成为农产品流通的主导，以农产品的产地和销地批发市场为中心，联结各种市场主体。以批发市场为中心的鲜活农产品流通模式一般是经过三级市场体系，即产地批发市场、销地批发市场、零售农贸市场。零售农贸市场作为鲜活农产品流通的渠道终端得到快速全面地发展，成为我国城乡占主导地位的鲜活农产品零售终端。1988年政府开始实施“菜篮子工程”，这一举措使农贸市场的发展更趋成熟。这时鲜活农产品由农户到消费者基本上都经历批发和零售两个环节，即鲜活农产品从生产者到消费者的基本链条和环节是“农户—批发商—农贸市场/连锁超市—消费者”，如图4－2所示。农贸市场不具有鲜活农产品的所有权，因而不是农产品流通的主体，仅为大量的零售商贩和消费者提供鲜活农产品交易的平台。

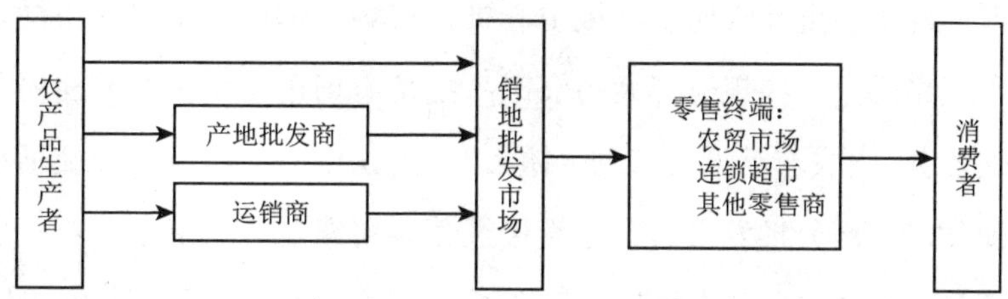

图4－2　以批发市场为核心的农产品供应链模式

自1984年我国建立第一家农产品批发市场以来，我国的农产品批发市场一直处于快速发展阶段，在对接小农户与大市场、保证农产品供应中发挥了关键作用。全国年交易额过亿元的农产品批发市场的数量从2000年的1142家增长到2016年的1671家，增幅达46%。2016年，全国农产品批发市场的交易额达到4.7万亿元，同比增长了8.8%；农产品交易量达到8.5亿吨，同比增长了5.1%，如表4－2所示①。

表4－2　2016年我国农产品批发市场发展基本情况

序号	指　标	数　据
1	农产品批发市场数量	4500个左右
2	年交易额亿元以上的农产品批发市场数量	1671家
3	农产品交易量	8.5亿吨
4	农产品批发市场交易额	4.7万亿元
5	各类农贸市场数量	2.7万个

资料来源：全国农产品批发市场2016年交易额同比增长8.8%［EB/OL］. 中华人民共和国中央人民政府网站，2017－02－07。

时至今日，农产品批发市场仍然是我国农产品流通的主渠道，承担着我国70%～80%的农产品流通与集散功能。农产品批发市场在保证农产品供应方面发挥了极其重要的作用，促进了大量分散经营的小农户与大市场的对接。近年来，我国农产品批发市场在规模化、专业化、信息化等方面发展迅速，

① 全国农产品批发市场2016年交易额同比增长8.8%［EB/OL］. 中华人民共和国中央人民政府网站，http：//www.gov.cn/shuju/2017－02/07/content_5166251.htm，2017－02－07.

且形成全国性中心批发市场、区域中心批发市场、本地批发市场协同发展的多层次发展格局。一些规模较大的农产品批发市场正在积极拓展面向零售终端的配送业务，"农产品批发市场 + 超市""配送中心 + 超市"等流通模式得到了快速发展。部分批发市场开始直接经营零售终端。以南京众彩批发市场的"e 鲜美"为例，众彩市场与小区业委会、物业公司签订"e 鲜美"项目进驻协议，小区提供一块 20 平方米左右的地皮，由众彩市场搭建蔬菜配送亭，供消费者订货和取货。订货方式有 4 种：网上订购、"400"电话订购、手机订购和小区蔬菜配送亭现场下单。当日订货，次日上午 6 点至晚 6 点送货进小区，订货居民可到蔬菜配送亭取货，也可要求送货上门。但是，由于农产品市场供求信息的不对称以及农户获取信息能力较弱或成本较高，造成小农户与市场之间的信息脱节，使得中间商具有较强机会主义行为倾向，经纪人和收购商的议价谈判能力要远高于小农。由此，批发市场主导的农产品供应链模式也成为导致农产品"买贵卖难"问题的重要原因。

4.2.2 连锁超市主导的农产品供应链模式

以超级市场为代表的鲜活农产品流通渠道终端的发展推动了我国鲜活农产品流通模式的变革。连锁经营和超级市场被称为是"现代流通革命"的两大标志。我国的超市最早出现于 20 世纪 90 年代初，以普通超市和大卖场为主。到了 90 年代中期，超市设立了生鲜区，开始涉足生鲜经营。进入 21 世纪以后，我国超市在生鲜农产品零售中的市场份额增加较快。2002 年我国开始试行"农改超"，直接催化了生鲜超市这一新型渠道终端的兴起。生鲜超市主要经营鲜活农产品，兼营家庭日用百货。连锁超市主导的农产品供应链模式即连锁超市从农产品生产基地、农民合作组织、批发商或批发市场等渠道采购农产品并在超市进行销售。"农超对接"模式是连锁超市主导的农产品供应链模式的代表，"农超对接"即农产品生产者直接向连锁超市供应农产品的流通方式。"农超对接"供应链可以减少中间环节，降低农产品流通成本，同时有利于实现农产品的溯源管理，保障农产品质量安全。近年来，一些大型超市不断加强与农产品产地的合作或直接建设生产基地，实现优质农产品的基地直采。但由于我国农业生产的规模化、标准化程度较低，农产品物流配送体系还不完善，大型连锁超市的辐射范围有限，在一定程度影响了“农超对接”的推广。

4.2.3 农产品电子商务供应链模式

互联网的发展不仅改变了我们的生活，更推进了商业模式的重构，这其中影响最深远的莫过于电子商务经济的发展。我国拥有世界上最大规模的网购人群和网购市场，2016年上半年，我国的电子商务交易总额已经达到10.5万亿元，同比增长37.6%，其中网络零售市场交易规模达2.3万亿元；同时中国的移动支付领先全球，2016年，中国有62%的智能手机用户使用移动支付手段。[①] 生鲜农产品自2005年登陆电商平台以来，经历了2012年开始的快速增长，2015年生鲜农产品线上交易规模已达542亿元，到2017年生鲜电商的交易规模突破性地达到1391.3亿元，表4-3列出了2011~2017年我国农产品电子商务的交易额增长情况。

表4-3　　2011~2017年我国生鲜电商交易额增长情况

年份	交易总额（亿元）	增长比例（%）
2011	10.5	—
2012	40.5	285.71
2013	130.2	221.48
2014	289.8	129.58
2015	542.0	87.03
2016	913.9	68.62
2017	1391.3	52.24

资料来源：《2016年度中国网络零售市场数据监测报告》，中国电子商务研究中心。

① 《2016年（上）中国电子商务市场数据监测报告》发布［EB/OL］. 中国国际电子商务网，2016-09-14.

农产品电商供应链作为新兴的农产品供应链模式对于克服传统农产品流通中环节多、损耗大、产业链衔接不畅等问题起到了积极作用。农产品电商供应链涉及的主体包含电商企业、农产品生产者（农户、农民合作社、农业企业）、不同类型服务的提供商、消费者等。在农产品电商供应链中，以电商平台或企业为核心，通过整合 IT 服务、物流服务、金融服务、市场营销服务，实现农产品从源头到消费者的流动，农产品电子商务供应链的运作模式，如图 4－3 所示。

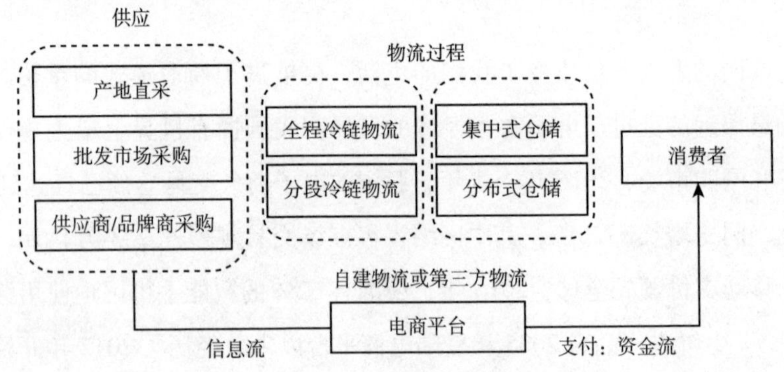

图 4－3　农产品电子商务供应链运作模式

农产品电商供应链一般以电商平台为核心，通过农产品生产基地直采、农产品批发市场采购、品牌供应商采购等渠道获取货源，然后通过物流过程配送至消费者手中。农产品电商的物流过程可以分为冷链物流和冷链仓储两个方面。冷链物流可以分为全程冷链物流和分段冷链物流两类，全程冷链物流不经过物流商中转；分段式冷链物流先依托城市间的干线冷链进行运输，然后通过城市冷库进入配送网络完成配送。冷链仓储可以分为集中式仓储和分布式仓储，集中式仓储为在重要物流节点建立大型仓储中心，由仓储中心对农产品进行存储、分拣及配送；分布式仓储即将商品存储于距离消费者更近的地方，覆盖消费半径一般在 5 公里左右。

4.2.4　以加工企业为核心的农产品供应链

加工企业一般具有较强的市场力量，以加工企业为核心的农产品供应链即通过加工企业整合农产品供应链，带动农产品供应链上下游主体的协同运作，形成统一的农产品供应链管理平台，如图4－4所示。在加工企业主导的农产品供应链中，农户只需专注于生产环节，加工企业既负责农产品的销售又可以为农户提供技术和物流服务，由此与农户间建立了紧密的利益连接和稳定的合作关系。同时，农产品加工企业通过构建销售和信息平台，可以减少流通环节、缓解信息不对称，从而降低交易成本、提高整个农产品供应链的运作效率。

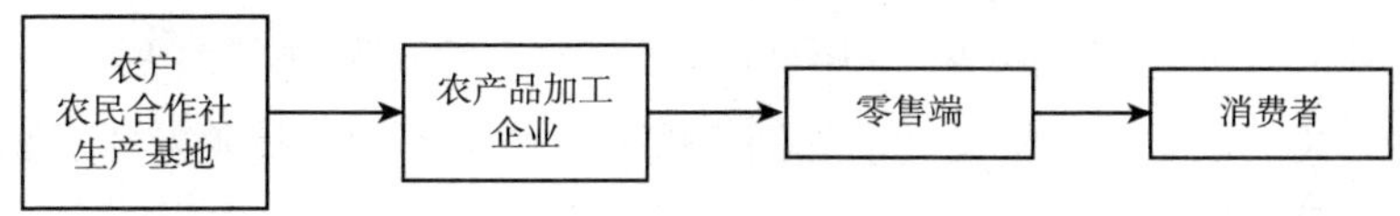

图4－4　以加工企业为核心的农产品供应链

由于农产品本身的易腐性和不易保存，大量农产品的集中上市会造成短期内供给增加，进而造成农产品卖难及价格下降，影响农民收益。发展农产品加工是破解农产品产销对接不畅、农产品结构性滞销卖难、增加农民收入的主要途径。通过对农产品进行生产后的存储、保鲜包装、分级分等以及商品化处可以延长农产品特别是生鲜类农产品的保质期，实现农产品的错峰上市、均衡上市，促进农业减损增收、农产品提价增收，提升农产品的价值和农民收入。经过多年的发展，我国的农产品加工业已成为支撑农业现代化发展的重要力量。截至2016年，我国规模以上农产品加工企业的数量达到8.1万家，主营业务收入达到了20万亿元人民币，实现经营利润总额达1.3万亿元人民币[①]。尽管如此，当前我国的农产品加工业发展仍然大而不强，与现代农业产业体系以及不断升级的消费需求还不适应，具体表现为：农产品加工业与当前农业种养殖业规模不相匹配、加工业的产业结构不合理、创新能力和质量效益不高，无法满足市场对高

① 中国规模以上农产品加工企业达8.1万家［EB/OL］. 中国新闻网，http：//www.chinanews.com/cj/2017/04－17/8201720.shtml，2017－04－17.

品质、绿色品牌农产品的需求。从长远看，促进农产品加工业转型升级，发展以农产品加工企业为核心的农产品供应链将是我国农产品供应链发展的重要趋势。

4.3 我国农产品供应链的发展趋势

现代农产品流通体系应实现三大目标：一是保障市场供应，促进供求平衡；二是平衡生产者、流通者和消费者的利益关系，促进产销衔接；三是稳定价格，减少供需和价格波动。在需求改变、政策推动、技术发展的影响下，未来我国鲜活农产品流通发展将呈现出以下趋势。

4.3.1 渠道多元化

要解决传统流通渠道中流通环节过多、流通成本高、流通效率低下的问题，就应发展多元化的流通模式。除提升传统的以批发市场为核心的流通渠道外，应拓宽流通渠道的宽度，以渠道扁平化和产销对接为重点创新鲜活农产品流通模式，形成多元化流通渠道相互竞争又优势互补的流通格局，在平衡供需、稳定物价方面发挥作用。流通渠道多元化趋势包括两方面内容：一是渠道终端多元化。传统流通渠道的终端主体是农贸市场，在政策、技术、消费需求等因素变化的推动下，鲜活农产品流通渠道终端不断发展，从连锁超市开设生鲜区，到专门从事生鲜农产品经营的生鲜超市，还有近年来城市中快速发展的社区菜店网络，满足了不同类型消费者的多元化需求。二是渠道组织模式多元化，流通渠道组织模式创新多突出了渠道扁平化和产销衔接。除近年来快速发展的“农超对接”之外，还有餐饮企业开展的“农餐对接”，方便百姓生活的“农社对接”，以及农产品生产者和消费者之间建立的“产销联盟”等多种形式，多元化的渠道组织模式增加了消费者选择的空间，同时对于稳定物价和增加农民收益具有积极作用。

4.3.2 渠道主体规模化和组织化

家庭联产承包责任制改革确定了农户家庭在农业生产中的主体地位，随后进行的农副产品市场化改革实现了农副产品的市场交换。然而，随着改革的深入，农户家庭作为农业生产经营的基本组织单元并不能撑起日益放大的农副产品市场化的发展，单个农户与市场之间缺乏有效的连接机制，所谓“小生产，大市场”的矛盾日益凸显出来。发展新的市场组织形态，建立规模化、组织化的渠道主体，实现农户与市场之间的有效联结，是我国鲜活农产品流通模式创新的重要方向。一是发展农民合作社及农协等农民合作组织。发挥农民合作组织在提高农民组织化程度和推进农业产业化中的作用，发展基于农民合作组织的鲜活农产品直销、配送、电子商务等新模式。二是发展家庭农场。基于家庭农场这一新型渠道主体的特点，发挥其在规模化、差异化及质量控制中的优势，发展以家庭农场为核心的新型流通渠道。三是发展大型流通主体。传统流通渠道中的流通主体经营规模小且组织化程度低，造成鲜活农产品质量不统一，流通效率低，流通成本过高。通过跨地区、跨环节的联合重组打造大型农产品流通主体，向前与生产者（农户、合作社、加工企业）组建购销联盟，向后与分销商组建分销联盟，打通农产品流通链条，提高流通效率。

4.3.3 交易方式多元化

商流和物流共同构成商品流通。商流活动包括商业交易活动和商流信息活动两个方面，交易方式的进步促进了商品流通的变革。对于鲜活农产品流通来说，随着电子商务、期货交易等成熟商业模式的引入，除传统对手交易外，鲜活农产品流通中的交易形式呈现出多元化趋势。具体表现为网上交易、期货交易和拍卖交易三方面。一是网上交易。线上交易和线下交易互补，实体交易和电子商务有机融合将是未来鲜活农产品交易的发展方向。网上交易具有少环节、低成本、高效率的优势，应以农业龙头企业和大型农产品批发市场为突破口，支持其建立网上交易市场，开展鲜活农产品网上集中交易活动。同时发展以电子商务为载体的原产地农产品直销，促进“电商交易平台+网商+农户”模式的发展。二是期货交易。农产品期货交易方式是一种先找市场后生产的模式，在风险控制和农民增收方面优势明显，未来将成为重要的农产品交易形式。三是拍卖交易。与传统交易方式相比，拍卖交易具有信息搜寻与谈判费用低、交易公平公正、农民上市风险低、交易效率高等特点，应分种类逐步在农产品批发市场中引入拍卖交易方式。

线上线下融合将是农产品供应链发展的重要趋势。线上线下融合即通过有线或无线互联网向用户提供商家信息，消费者在线预订线下商品或服务，再到线下去享受服务的一种商务模式。传统的农产品电子商务模式存在以下问题：一是物流配送问题，与其他商品相比，农产品电子商务中的物流成本要高很多。假如在一笔电子商务交易中客单价（即单笔交易额）为100元，那么农产品的物流成本将占到25%~40%，相比之下电子产品、服装的物流成本则在5%以下。物流问题正成为农产品电子商务发展的主要瓶颈。二是消费者信任问题，消费者信任是农产品电子商务中必须解决的问题，由于农产品自身易腐、易损和不易保存的特性，很多农产品电商都不提供退换货服务，由此带来消费者信任问题。线上线下融合实质上是网上订购、实体终端配供模式，实体终端可以是实体店、电子菜柜，也可是设在生鲜超市、社区菜店中的自动取货点。线上线下融合对于提升农产品供应链的效率具有重要意义。第一，有利于克服当前农产品电子商务中存在的弊端，在一定程度上解决物流成本高、目标客户群小、品类限制等问题。第二，有利于实现与传统流通模式的有效契合，通过线下体验撬动线上体验需求，通过线下终端为消费者带来便利化服务。第三，与未来消费模式的发展趋势相吻合，未来城市的农产品购买群体将是懂电脑、重品质、求效率的群体，线上与线下融合既可以满足消费者一站式购物的快捷需求，又可以通过线下体验解决农产品电子商务中的消费者信任不足问题。

4.3.4 流通服务现代化

许多发达国家的鲜活农产品流通体系能够高效运行的重要原因是市场化流通服务组织较为发达，包括物流服务组织、信息服务组织、质量和检测服务组织等。建立现代化的鲜活农产品流通服务体系是破解现行流通困局的基础和关键，未来应在以下几方面做出努力。第一，发展现代农产品物流服务。物流问题是造成鲜活农产品“贱卖贵买”的重要原因，尤其是在鲜活农产品生产地和消费地日益分离的情况下，物流问题更加突出，主要表现为高物流成本及技术落后带来的高损耗。为此，一方面应加强物流园区等物流基础设施建设，提升物流技术水平；另一方面应发展鲜活农产品第三方物流，鼓励物流企业为农产品流通提供专业化服务。第二，加强鲜活农产品流通信息服务。信息不对称问题是造成当前鲜活农产品供需脱节和“买贵卖难”的重要原因，为此应加强鲜活农产品信息发布平台、电子农务平台以及监测预警平台建设，支持鲜活农产品流通信息服务组织的发展。第三，完善鲜活农产品流通方面的政府公共服务。一是通过政府投资、提供土地、融资便利等方式增强流通基础设施的公益性，解决“最后一公里”难题；二是加强基层检测服务体系建设，保障农产品质量安全；三是完善法律法规和相关政策，为鲜活农产品流通体系高效运行提供制度保证。

第5章 农产品供应链创新的驱动因素

从前文的分析可以看出，当前我国的农产品供应链已经形成了多元化发展格局。随着经济社会的发展、技术的进步、消费需求的升级，农产品供应链也处于动态发展之中，以满足不断变化的需求。为此，本书将从市场需求、技术、政策三个方面分析驱动农产品供应链创新的因素。

5.1 需求

需求是驱动创新的重要因素，美国学者厄特巴克1974年的一项工作结论认为60%～80%的重要创新是由于需求拉动的。从经济学角度看，需求一方面表现为对商品的偏好；另一方面表现为支付能力。在偏好方面，消费者对农产品的需求已经由关注数量和种类转向关注品质和生活，对质量、新鲜度、安全、品牌、附加价值、购买便利性及快捷性等方面的要求越来越高；在支付能力方面，随着经济快速发展，我国的居民收入水平不断提高，如图5－1列示了2011～2016年城镇居民人均收入的变化情况。因此，消费者对高品质和品牌农产品已经具备了一定的支付能力，消费者对农产品的购买由过去的“买得到”转变为“有选择的购买”。在互联网时代，消费者的消费行为已经发生重大变化，消费模式的改变将促使农产品供应链不断进行变革与创新，本书将从以下几方面分析市场需求变化对农产品供应链创新的驱动作用。

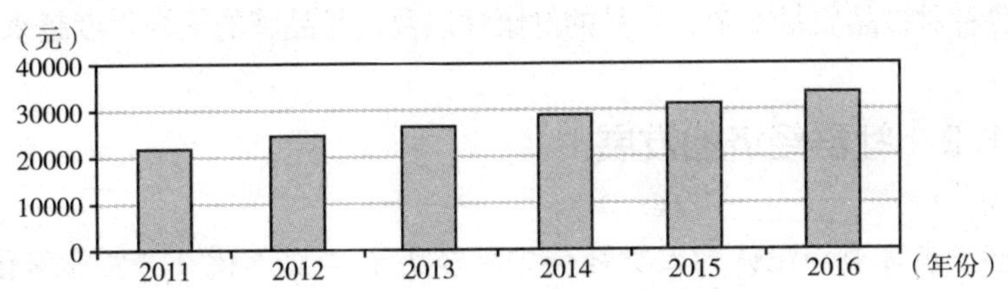

图5-1　2011~2016年城镇居民人均收入的变化

5.1.1　食品安全的需求

随着经济社会的发展，人民的收入水平不断提高，公众对农产品的要求已经由过去的“数量满足”转向“质量安全要求”。尽管我国食品安全整体水平不断提高，但食品安全形势仍不容乐观。根据益普索（Ipsos）发布的《2016 中国食品 & 饮料趋势及消费者洞察》报告，质量安全是消费者在选购食品时最关注的因素，其中80%的调查对象表示在购买食品时会考虑食品安全问题，52%的被调查对象表示在购买食品时首要考虑食品安全要素。食品安全事件将会极大降低公众对该品牌食品的信心。食品安全事件对公众信任的影响具体如表5-1所示。①

表5-1　食品安全事件对公众信任的影响　单位：%

年份	品牌发生食品安全事件后，消费者对该品类的信任衰减程度	品牌发生食品安全事件后，消费者对该品牌的信任衰减程度
2015	56	79
2016	59	81

资料来源：《2016 中国食品 & 饮料趋势及消费者洞察》报告。

① 益普索. 2016 中国食品 & 饮料趋势及消费者洞察［EB/OL］. 搜狐网，http：//www. sohu. com/a/72548030_334205，2016-04-30.

调查同时表明，88%的一、二线城市消费者对食品添加剂持否定态度，25%的被调查者愿意接受价格较高但不含任何添加剂的食品。随着家庭收入的增加，消费者对食品质量安全、食品的健康性以及食品品牌的重视程度越来越高。

5.1.2 社群经济的发展

传播学者麦克卢汉认为人类社会先后经历了“部落化”“去部落化”“重新部落化”三种社会形态的演变过程。随着互联网经济的飞速发展，人类社会已经开始出现“重新部落化”趋势。在移动互联时代，每个人都成为社交化的消费者。消费者寄生于由互联网联结的社交网络之中，逐渐开始“再部落化”，社交网络已经成为聚集消费者的重要渠道。以QQ群、微信群等为代表的移动社交网络增强了消费过程中的社交性和互动性。通过社交网络，消费者可以自己组建自己的微型商圈，并在其中分享、参与、影响甚至主导部落内其他消费者的购买过程。基于社交网络形成的“重新部落化”在一定程度上打破了商家与买方之间的信息不对称，消费者在购买前的信息搜寻过程中越来越重视各种社交群体中好友的评价或购买体验，而不再是卖家的广告或其提供的信息。社群经济的发展改变了消费者购买过程中的信息劣势地位，在传统渠道中，商家提供的信息往往是消费者获取产品信息的唯一渠道，消费社群的形成不但拓展了消费信息的来源渠道，更增强了信息的客观性和真实性，从而促进了市场主导权重归消费者。

当前，很多消费者已经成为社交化消费者。依托互联网和移动互联网的社群经济迅速发展。调查表明，接近90%的消费者都处于不同类型的兴趣圈之中，最为普遍的是旅游、美食及运动。社群对消费者的购买行为产生了重要影响，很多消费者对社群的信任程度高于商品生产者，他们更愿意相信和购买社群中推荐的商品，并愿意为其支付更高的价格。数字时代，人人都有自己的兴趣圈，兴趣圈对消费者购买决策的影响作用越来越大。据埃森哲发布的调查报告显示，购物已经呈现出明显的社交化趋势，47%的消费者越来越认为购物是社交的副产品。许多消费已经呈现出“购买—分享—再购买”

的循环链式反应。被调查对象中约87%的消费者愿意和别人分享其购买过程的体验或者发表评论，55%的消费者会在社交应用中分享自己的购物。这部分消费者更容易受到社交分享的影响和刺激（44%），从而增加冲动购买（42%），远高于消费者总体35%和33%的比例。

由于消费者对生活品质及食品安全问题越来越重视，农产品社群消费发展迅速。农产品具有信任品属性，即消费者在购买后也无法确定农产品质量的优劣，质量信息不对称以及农产品质量安全事件使得消费者对农产品质量安全的信任程度较低。相关调查表明，消费者对农贸市场等传统渠道所销售的农产品的质量安全信任程度不高。社群中的消费者由于存在较强的联系，其相互信任水平较高；同时，通过在消费社群中分享消费体验或介绍产品信息，可以使消费者对农产品信息有更为深刻的了解。消费者对通过消费社群渠道所购买的农产品的质量具有较高的信任水平。为此，很多消费者通过消费社群与合作社或农场的直接对接来购买高质量农产品。

5.1.3 消费的个性化趋势

随着经济社会的快速发展，消费者的收入水平不断提高，消费者的视野和期望也不断提升。很多消费者不再以追求低价格为主要目标，而是更加关注食品安全、体验性、服务性等方面，农产品的个性化定制快速发展。个性化、小众化趋势在农产品消费中已经出现，消费者对时效性、便利性、定制性的要求越来越高。很多消费者已经成为24小时购物者，希望在任何时间、任何地点都可以购买到其所需要的农产品。消费者对农产品的需求转向“吃的好”“吃的健康”“吃的有品质”“吃的更具乐趣”；由对农产品的物质属性需求转向更高层次的生活体验需求。消费者对农产品消费中的特产化、精致化、增值服务的要求越来越高。

5.1.4 很多消费者已经成为全天候的移动消费者

通过移动设备购买商品已经成为很多消费者的首选方式，消费者希望在任何时候都可以买到其需要的农产品。手机和平板电脑等移动设备的普及、无线网络的全方位覆盖克服了购物时间上的障碍，改变了消费者的购物理念。全天候购物可以为消费者带来更大的便利，使其不再受限于实体店的开闭店时间，由过去的“规划购物”越来越多地转向即时购买，由此可以更好地利用碎片化时间，节约农产品购买的时间成本。全天候消费者一直是处于购物状态之中，需要农产品供应链的优化创新，为顾客提供个性化、智能化的解决方案，响应消费者的即时需求。

5.2 技术

新技术对农产品供应链创新的影响主要表现在现代信息技术和物流技术进步的推动作用。信息技术对农产品供应链创新的驱动主要表现在两方面：一是对传统农产品供应链的提升和改造。例如，农产品批发市场的信息技术改造，发展以电子统一结算为基础的信息管理系统和信息发布系统，建立食品安全电子检验检测系统，提高了原有流通体系的运行效率，降低了流通成本。二是以信息技术为载体的新供应链模式的出现和发展。信息技术的发展为农产品网上交易和电子商务提供了技术基础，近年来农产品网络交易量快速增长。农产品电子商务流通模式具有快捷、便利、互动性强等特点，可以更好地满足消费者个性化需求，未来必将成为鲜活农产品流通的重要渠道之一。现代物流技术的发展是农产品供应链模式演变的重要动力。鲜活农产品的特性决定了其在流通过程中与工业品的区别，其易腐性限制了流通半径和流通时限。随着鲜活农产品生产越来越集中，生产与消费的距离越来越远，要实现产销的有效衔接、降低流通损耗，物流过程就变得十分重要。只有物流技术与物流装备达到一定水平，物流环节的合约安排与制度设计比较合理，才能保证农产品供应链的运行效率。物流专有技术和设备的发展和应用，可以有效降低农产品特别是生鲜类农产品在流通过程中的损耗，提高流通效率。

5.2.1 信息技术的驱动

信息技术是推动农产品供应链创新的重要驱动力。在经济全球化的背景下，现代信息技术发展日新月异，互联网、移动互联网、物联网、大数据、人工智能的快速发展，为传统农产品供应链转型升级提供了技术基础，使得农产品供应链的跨区域、跨职能、跨领域资源整合及协同优化成为可能。

互联网和移动互联网已经深入嵌入到人们的工作和生活，改变了人们的生活和工作方式。截至2018年6月，我国网民规模已经达到8.02亿人，互联网普及率达到57.7%；2018年上半年新增网民2968万人，较2017年末增长3.8%；我国手机网民规模已经达到7.88亿人，网民通过手机接入互联网的比例高达98.3%①。2017年，我国网络零售额已经达到7.18万亿元，较2016年增长32.2%，其中实物商品的网上零售额达到5.48万亿元，增长28%，图5-2列示了从2012~2017年我国网上零售额的发展情况。截至2018年6月，我国网络购物用户和使用网上支付的用户占总体网民的比例均为71.0%，网络购物与互联网支付已成为网民使用比例较高的应用。

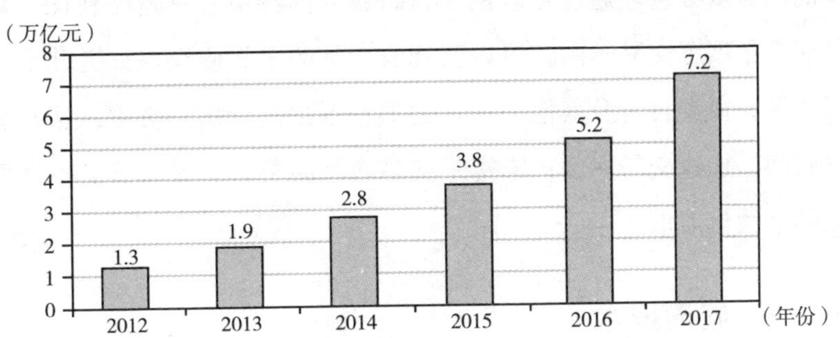

图5-2 我国网络零售交易额发展情况

同时，移动网络飞速发展，使得很多消费者都成为移动消费者，消费者

① 中国互联网络信息中心．中国互联网络发展状况统计报告（第42次）[EB/OL]．http://www.cnnic.net.cn/hlwfzyj/hlwxzbg/hlwtjbg/201808/t20180820_70488.htm，2018-08-20.

通过手机上网购物的比例越来越高。中国互联网信息中心发布的第41次《中国互联网络发展状况统计报告》的数据表明，截至2017年12月，我国手机网民的规模已经达到7.53亿人，相比2016年增加了5734万人。应用手机上网的网民占比由2016年的95.1%上升至97.5%。移动互联网的服务场景不断丰富、移动终端的规模快速提升、移动数据量持续快速增大，以手机为中心的移动终端正成为“万物互联”的基础。

互联网和移动互联网对农产品供应链创新的促进作用主要表现在以下几方面：一是去中间化。传统的流通组织的生存机制在于其“专业化”（谢莉娟，2015）。在传统的农产品流通体系中，专业化的批发市场发挥着核心作用，通过“农户—经纪人—批发市场—零售端”的流通渠道实现小农户与市场之间的连接。互联网具有“连接一切”的功能，通过互联网的连接，农产品生产者可以通过自我传播直接获得近乎无限的消费者群体，减少农产品流通中的中间环节，实现农产品流通的“点对点”直通直达。二是场景多样化。传统的农产品消费场景主要是农贸市场、超市、生鲜超市等零售终端，消费者通过对手交易获得所需要的农产品。互联网重塑了市场和交易场所。农产品的供需双方可以通过互联网平台跨越空间约束。三是便利化。基于互联网的交易拓展了交易时间，可以实现农产品的全天候交易；提升了交易速度，消费者可根据自身及其他消费者的消费数据进行购买决策，从而减少信息搜寻时间，加速交易速度；丰富了交易商品品类，更可以满足小众群体对农产品的个性化需求。

5.2.2 物流技术

物流是供应链运行的基础，直接决定着供应链效率。当前，以智慧物流为主要方向的物流技术发展推动了农产品供应链的智能化，成为农产品供应链创新的重要推力。智慧物流的技术体系，如图5-3所示。

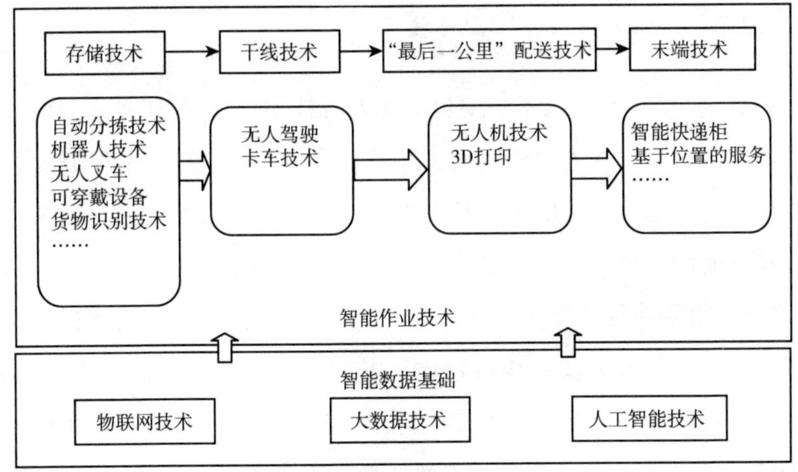

图5－3 智慧物流技术体系

5.2.2.1 存储技术

智慧存储技术主要包括自动分拣技术、机器人技术、无人叉车、可穿戴设备、货物识别技术等。在仓内的搬运、分拣、上架等环节，分拣机器人、自动导引运输车、无人驾驶叉车、货架穿梭车等技术已经开始应用。在可穿戴设备方面，UPS、DHL已经开始试用智能眼镜（AR眼镜）、免持扫描设备等新技术。

5.2.2.2 干线技术

当前的干线技术主要是无人驾驶卡车技术。由于人力成本的不断攀升，很多物流公司都面临着较大的经营压力，“无人技术＋物流”是解决当前人力成本攀升问题的重要方向。无人驾驶卡车的核心技术包括软件系统、硬件设施和传感器。无人驾驶卡车技术发展潜力非常大，卡车制造企业可在生产环节直接嵌入无人驾驶技术，未来有望改变现有干线输送的格局。

5.2.2.3 “最后一公里”配送技术

“最后一公里”配送技术主要包括无人机技术、3D打印等。当前无人机技术已经较为成熟，在人口密度较小的区域的配送中，无人机具有较大优势，如农村区域的配送。我国的无人机发展已经进入商业应用阶段，无人机的载重量、续航时间不断突破，未来将会有更广阔的应用范围。对于物流来说，3D打印技术将是一种颠覆式创新。3D打印以数字模型文件为基础，应用相关材料逐层进行打印来快速构造物体。未来的供应链模式将是“城市内3D打印+同城配送”或者是“社区3D打印+社区配送”，物流企业可以通过3D打印网络的布局来实现客户定制的产品在距离消费者最近的3D打印服务网点进行生产、组装以及末端配送的功能。

5.2.2.4 末端技术

末端技术主要是针对最终消费者收货的技术，包括智能快递柜、基于位置的服务等。当前，智能快递柜的应用已经较为普遍，较好地解决了客户无法与快递人员对接的问题。基于位置的服务（LBS）是通过电信运营商的无线网络或者外部定位来获取移动终端用户的位置信息，在地理信息系统（GIS）平台的支持下为用户提供服务。LBS可以确定移动终端的地理位置，同时基于移动终端的定位提供相关的服务信息。

5.2.2.5 物联网技术

物联网是包含内嵌技术、可以与其内部状态或外部环境进行交流、感知或互动的实体网络。物联网可以实现实物的数据化、网络化和信息化，实现实物流与信息流之间的无缝对应。随着低成本传感器技术、RFID、低成本无线通信技术的不断突破，物联网技术将在物流业中得到广泛应用。

物联网技术在农产品供应链中的应用主要包括以下几方面：一是产品溯源。通过传感器或者二维码记录农产品从生产到运输交付所有环节的信息，包括产地条件、农药及化肥使用、质量检测结果、运输过程的温度等，实现农产品质量的全程可追溯。二是冷链控制。通过在货运车辆内安装温度传感器，实现对货车车内温度的实时监控，确保整个运输过程的温度符合不同农产品的保鲜需求。三是运输安全控制。通过物联网设备对货运车辆及货车司机的状态数据进行实时收集，第一时间发现车辆超速、司机疲劳驾驶等安全问题，实现及时预警、预防事故，保障农产品运输安全。四是运输线路优化。通过在运输车辆上安装的信息采集设备，实施采集车辆状况、路况、天气等信息并实时上传信息控制中心，经过分析后对车辆运输路线进行优化。

5.2.2.6 大数据技术

大数据技术已经被广泛应用于不同行业之中，大数据技术在农产品供应链中的应用主要包括以下几方面：一是需求预测。通过收集消费者的购买数据、商家的销售数据，应用特定的算法进行数据分析和需求预测，预先准备仓储和运输环节，从而在一定程度上解决农产品产销衔接不畅的问题。二是农产品供应链的质量风险控制。在对供应链异常数据进行收集的基础上，通过大数据分析、挖掘和处理技术及时准确地预警农产品供应链的质量安全风险，保障农产品供应链的质量安全。三是配送效率优化。对消费者的历史消费数据进行分析，根据大数据分析结果提前在距离消费者较近的仓库进行备货，同时也可通过大数据分析优化跨城运输或者同城配送的路线。

5.2.2.7 人工智能技术

对于农产品供应链来说，人工智能技术可以应用在仓库选址、农产品动态定价、销售预测、智能调度等方面。应用人工智能技术实现定价、物流、仓储等农产品供应链多个领域的协同，从而实现资源的优化配置，提高整个农产品供应链的运行效率。

5.3 市场环境

农业发展所面临的市场竞争环境对农产品供应链创新也具有重要影响。一是农产品供给存在结构性矛盾。当前，我国农业的主要矛盾已经从过去的总量不足转为农产品供给的结构性矛盾，表现为农产品阶段性的供过于求和供给不足并存。一方面，农产品的供给数量存在结构性矛盾，即供需不平衡，有些农产品供大于求，有些农产品则是供不应求，如玉米就是供大于求，造成库存增加。另一方面，农产品供给质量与数量之间存在结构性矛盾，表现为中低端农产品供给充足甚至过剩，而安全优质农产品供给不足。农产品的有效供给无法适应消费需求的升级。二是农业产业链主导权的变化。当前，农业产业链的主导已经呈现出从生产环节向加工环节，进而向农产品流通环节转移的趋势。流通环节对农业产业链的主导作用正不断加强，对农产品的供求平衡和价格决定具有重要影响。相比流通环节或加工环节，农产品生产环节利润率不断降低。三是国际农产品竞争加剧。随着我国进口农产品品种和数量的不断增加，国外农产品给我国的农产品市场带来了较大的竞争压力。城镇化带来的非农工资上涨间接加剧了农业生产中人工成本和土地使用成本的上升，使得我国的农产品价格缺乏竞争优势。同时，很多消费者由于对国内食品安全问题的担忧，愿意消费更多的进口农产品并为其支付更高的价格，进一步加剧了对国内农产品的挤压。以水果为例，进口水果虽然价格较高，但市场需求量仍然很大。

5.4 政策

政策因素直接作用于农产品供应链的不同阶段，对农产品供应链创新有着重要推动作用。一般来说公共政策的基本功能包括引导功能、调控功能和分配功能。近年来，国家相继出台了一系列促进农产品供应链创新的支持政策，特别是乡村振兴国家战略的提出为农产品供应链创新注入了强大动力，表5－2列示了支持农产品供应链创新的相关政策。

表5－2　　支持农产品供应链创新的相关政策

序号	政策文件	发文机关	相关内容
1	乡村振兴战略规划（2018－2022年）	中共中央、国务院（2018年9月）	（1）实施农产品加工业提升行动，支持开展农产品生产加工、综合利用关键技术研究与示范，推动初加工、精深加工、综合利用加工和主食加工协调发展，实现农产品多层次、多环节转化增值 （2）培育新产业新业态。深入实施电子商务进农村综合示范，建设具有广泛性的农村电子商务发展基础设施，加快建立健全适应农产品电商发展的标准体系。研发绿色智能农产品供应链核心技术，加快培育农业现代供应链主体。加强农商互联，密切产销衔接，发展农超、农社、农企、农校等产销对接的新型流通业态。实施休闲农业和乡村旅游精品工程，发展乡村共享经济等新业态，推动科技、人文等元素融入农业。强化农业生产性服务业对现代农业产业链的引领支撑作用，构建全程覆盖、区域集成、配套完备的新型农业社会化服务体系 （3）依托现代农业产业园、农业科技园区、农产品加工园、农村产业融合发展示范园等，打造农村产业融合发展的平台载体，促进农业内部融合、延伸农业产业链、拓展农业多种功能、发展农业新型业态等多模式融合发展
2	国务院关于积极推进“互联网＋”行动的指导意见	国务院（2015年7月）	（1）构建新型农业生产经营体系。鼓励互联网企业建立农业服务平台，支撑专业大户、家庭农场、农民合作社、农业产业化龙头企业等新型农业生产经营主体，加强产销衔接，实现农业生产由生产导向向消费导向转变。提高农业生产经营的科技化、组织化和精细化水平，推进农业生产流通销售方式变革和农业发展方式转变，提升农业生产效率和增值空间 （2）完善农副产品质量安全追溯体系。充分利用现有互联网资源，构建农副产品质量安全追溯公共服务平台，推进制度标准建设，建立产地准出与市场准入衔接机制。支持新型农业生产经营主体利用互联网技术，对生产经营过程进行精细化信息化管理，加快推动移动互联网、物联网、二维码、无线射频识别等信息技术在生产加工和流通销售各环节的推广应用，强化上下游追溯体系对接和信息互通共享，不断扩大追溯体系覆盖面，实现农副产品“从农田到餐桌”全过程可追溯，保障“舌尖上的安全”

续表

序号	政策文件	发文机关	相关内容
3	国务院办公厅关于积极推进供应链创新与应用的指导意见	国务院办公厅（2017年10月）	（1）创新农业产业组织体系。鼓励家庭农场、农民合作社、农业产业化龙头企业、农业社会化服务组织等合作建立集农产品生产、加工、流通和服务等于一体的农业供应链体系，发展种养加、产供销、内外贸一体化的现代农业。鼓励承包农户采用土地流转、股份合作、农业生产托管等方式融入农业供应链体系，完善利益联结机制，促进多种形式的农业适度规模经营，把农业生产引入现代农业发展轨道 （2）提高农业生产科学化水平。推动建设农业供应链信息平台，集成农业生产经营各环节的大数据，共享政策、市场、科技、金融、保险等信息服务，提高农业生产科技化和精准化水平。加强产销衔接，优化种养结构，促进农业生产向消费导向型转变，增加绿色优质农产品供给。鼓励发展农业生产性服务业，开拓农业供应链金融服务，支持订单农户参加农业保险 （3）提高质量安全追溯能力。加强农产品和食品冷链设施及标准化建设，降低流通成本和损耗。建立基于供应链的重要产品质量安全追溯机制，针对肉类、蔬菜、水产品、中药材等食用农产品，婴幼儿配方食品、肉制品、乳制品、食用植物油、白酒等食品，农药、兽药、饲料、肥料、种子等农业生产资料，将供应链上下游企业全部纳入追溯体系，构建来源可查、去向可追、责任可究的全链条可追溯体系，提高消费安全水平
4	国务院办公厅关于促进农村电子商务加快发展的指导意见	国务院办公厅（2015年10月）	（1）积极培育农村电子商务市场主体。充分发挥现有市场资源和第三方平台作用，培育多元化农村电子商务市场主体，鼓励电商、物流、商贸、金融、供销、邮政、快递等各类社会资源加强合作，构建农村购物网络平台，实现优势资源的对接与整合，参与农村电子商务发展 （2）扩大电子商务在农业农村的应用。在农业生产、加工、流通等环节，加强互联网技术应用和推广。拓宽农产品、民俗产品、乡村旅游等市场，在促进工业品、农业生产资料下乡的同时，为农产品进城拓展更大空间。加强运用电子商务大数据引导农业生产，促进农业发展方式转变 （3）改善农村电子商务发展环境。硬环境方面，加强农村流通基础设施建设，提高农村宽带普及率，加强农村公路建设，提高农村物流配送能力；软环境方面，加强政策扶持，加强人才培养，营造良好市场环境

续表

序号	政策文件	发文机关	相关内容
5	国务院办公厅关于促进内贸流通健康发展的若干意见	国务院办公厅（2014年10月）	探索采取设立农产品流通产业发展基金等模式，培育一批全国和区域公益性农产品批发市场。支持全国农产品跨区域流通骨干网络建设，完善产销衔接体系。落实和完善农产品批发市场、农贸市场城镇土地使用税和房产税政策
6	国务院办公厅关于进一步促进农产品加工业发展的意见	国务院办公厅（2016年10月）	（1）支持农民合作社等发展加工流通。扶持农民合作社、种养大户、家庭农场建设烘储、直供直销等设施，发展“农户+合作社+企业”模式，引导农民以土地经营权、林权和设施装备等入股农民合作社和企业。推进“粮食银行”健康发展，探索粮食产后统一烘干、贮藏、加工和销售的经营方式 （2）鼓励企业打造全产业链。引导农产品加工企业向前端延伸带动农户建设原料基地，向后端延伸建设物流营销和服务网络。鼓励农产品加工企业与上下游各类市场主体组建产业联盟，与农民建立稳定的订单和契约关系，以“保底收益、按股分红”为主要形式，构建让农民分享加工流通增值收益的利益联结机制 （3）创新模式和业态。将农产品加工业纳入“互联网+”现代农业行动，利用大数据、物联网、云计算、移动互联网等新一代信息技术，培育发展网络化、智能化、精细化现代加工新模式。引导农产品加工业与休闲、旅游、文化、教育、科普、养生养老等产业深度融合。积极发展电子商务、农商直供、加工体验、中央厨房等新业态 （4）推进加工园区建设。加强农产品加工园区基础设施和公共服务平台建设，完善功能、突出特色、优化分工，吸引农产品加工企业向园区集聚。以园区为主要依托，创建集标准化原料基地、集约化加工、便利化服务网络于一体的产业集群和融合发展先导区，加快建设农产品加工特色小镇，实现产城融合发展
7	农业农村部关于实施农村一二三产业融合发展推进行动的通知	农业农村部（2018年6月）	（1）发展产业支撑融合。通过政策推动、企业带动和项目引导，加快发展绿色、循环农业，提高优质农产品生产比例，夯实产业融合发展基础。统筹推动初加工、精深加工、综合利用加工协调发展，不断增强农产品加工业引领带动能力。通过大力发展金融服务、物流配送、电子商务、休闲农业和乡村旅游等新产业新业态新模式，引导第三产业逐步实现主体多元化、业态多样化、设施现代化、发展集聚化、服务规范化，拓宽产业融合发展新途径。同时引导农村第一、第二、第三产业跨界融合、紧密相连、一体推进，形成农业与其他产业深度融合格局，催生新产业新业态新模式，拓宽农民就业增收渠道

续表

序号	政策文件	发文机关	相关内容
7	农业农村部关于实施农村一二三产业融合发展推进行动的通知	农业农村部（2018年6月）	（2）完善机制带动融合。以保底收购、保底分红、利润返还、合作制、股份合作制、股份制等为主要形式，引导企业和农户建立紧密的利益联结关系；鼓励支持企业将资金、设备、技术与农户的土地经营权等要素有机结合，推动价值分配向上游农户倾斜，打造风险共担、利益共享、命运与共的农村产业融合发展主体；支持企业为农户提供种养技术、产品营销、商品化处理等服务，带领农户发展新产业，增加农户参与产业融合的机会，提升小农户自我发展并与现代农业对接的能力；鼓励企业、科研院所、大专院校和农户成立产业联盟，通过共同研发、成果转化、共有品牌、统一营销等方式，实现信息互通、优势互补 （3）加强服务推动融合。推进农产品加工流通、休闲旅游、电子商务、投资贸易、展示展销等平台建设，通过政府购买服务等方式为企业提供政策咨询、融资信息、人才对接等公共服务；加快制修订一批行业标准，规范行业管理和提升自律能力；完善统计制度和调查方法，开展行业运行监测分析，指导和推动农村产业融合有序发展；进一步加强与金融机构、产业投资基金的合作，加大农村产业融合发展信贷支持力度

资料来源：笔者整理。

第 6 章 农产品电子商务供应链创新

农产品电子商务近年来发展迅速，成为重要的农产品销售渠道，线上销售农产品数量连年增加。2017 年，我国生鲜农产品电商销售额达 1391.3 亿元，自 2013 年以来，连续 5 年保持着 50% 以上的增速。电商不仅为消费者提供了新的农产品购买渠道，也已经成为很多地区带动农民增收和实施精准扶贫的重要选择。农产品电商在解决农产品滞销方面发挥了重要作用。例如，2018 年 5 月，云南丽江大蒜滞销，价格呈现断崖式下降，从往年的每千克 5 元下降至每千克 0.7 元，京东生鲜在第一时间组织实施大蒜的收储和物流配送，并实现了滞销大蒜在 24 小时内上线，在上线第一天就销售滞销大蒜 12 万千克。[①] 尽管如此，农产品电商的市场渗透率依然很低，生鲜电商的市场渗透率不足 10%；大部分电商企业的盈利能力不强，很多电商企业处于亏损经营状态；消费者满意程度不高，对线上购买农产品的信任程度也不高；很多农民参与农产品电商程度不足。造成这些问题的重要原因在于农产品电商供应链整体运行效率不高，表现为产品定位不准、缺少优质稳定的货源供应、物流成本高且物流中的损耗较大、消费体验不佳。当前，受教

① 不敢相信！云南滞销紫皮大蒜 京东“解围”半天时间卖出这么多［EB/OL］. 搜狐网，2018-05-04.

育程度高的年轻消费者以及收入较高的家庭是农产品线上购买的主力人群①。他们不再满足于农产品的生活必需品属性，对生活品质有着更高的要求，更加看重购物体验。而良好的体验既来自农产品本身，也来自购买的全过程。传统的以产品为核心的运作及流程改进无法有效解决当前农产品电商面临的物流、消费者体验等问题。在新消费趋势下，需要以服务为核心创新农产品电商供应链模式，以提升顾客体验，促进农产品电商供应链整体竞争力的提升。

6.1 服务导向下农产品电商供应链模式创新

农产品电商供应链涉及的主体包含电商企业、农产品生产者（农户、农民合作社、农业企业）、不同类型服务的提供商、消费者等。在农产品电商供应链中，以电商平台或企业为核心，通过整合 IT 服务、物流服务、金融服务、市场营销服务，实现农产品从源头到消费者的流动。

6.1.1 农产品电商供应链的特点

相比传统的农产品供应链，农产品电商供应链具有以下特点：一是可以实现直接面向消费者的“去中介化”效应。在传统的农产品供应链中，农产品从生产到消费的过程往往要经历经纪人、农产品批发市场、零售终端等多个环节，这样一个长链条不仅增加了成本、扭曲了信息，也带来了农产品损耗过大的问题。基于互联网的农产品电商可以通过农产品生产经营者的自我传播直接接触到近乎无限的消费者群体，可以减少甚至去掉农产品供应链中的中间环节，从而实现农产品流通的“点对点”直通直达。“去中介化”过程可以提高农产品供应链的运行效率，

① 中国食品（农产品）安全电商研究院，2018 年中国农产品电商发展报告［EB/OL］. 亿邦动力网，http：//www. ebrun. com/20180320/268676. shtml，2018 －03 －20.

克服由于供应链环节过多造成的市场需求信息扭曲、供应链主体间利益冲突、农产品损耗大等问题，同时，可以改变农产品供应链的收益分配格局。传统的经纪人、批发市场、零售商等中间环节主体对农产品供应链的收益权受到削弱，农户和消费者的供应链收益权得到加强，有利于提升顾客价值和增加农民收益。二是对农产品供应链效率的改进。由于农产品的生产周期较长，使得市场需求信息在农产品供应链中极易发生扭曲，从而造成农产品的供需错位。一方面，农产品生产者面临农产品滞销问题；另一方面，消费者则会面临结构性短缺及价格的剧烈波动。农产品电商企业可以通过使用先进的信息技术强化供应链成员间的信息共享，提升供应链的协同效率及对市场需求的响应程度；同时，电商企业可以有效收集消费者购买行为数据，通过大数据分析对消费者购买趋势做出更为准确的预测。三是与物流过程的关联更为紧密。无论是与其他线上交易的商品相比，还是与通过线下渠道流通的农产品相比，农产品电商供应链对物流的要求都要更高。从消费者角度看，高效的物流配送是实现农产品电商便利性的基础，物流过程是农产品电商与顾客接触的重要界面，物流服务质量直接影响消费者的线上购物体验；从农产品电商供应链主体看，物流过程不但是影响农产品质量的重要因素，也是电商经营成本的重要构成。由于农产品的易腐性及顾客对新鲜程度的要求，农产品电商的物流成本远高于线上交易的其他商品。如何实现物流服务质量、物流效率与物流成本之间的平衡对农产品电商供应链来说至关重要。四是以“消费者为核心”的供应链。传统的农产品供应链是基于供给导向，农产品供应链要能够保障供给和稳定价格。在传统农产品供应链中，批发市场等中介以及零售商发挥着重要的供应链协调作用。农产品电商供应链发展的根本动力在于满足消费者日益多样化和个性化的需求，充分体现以消费者为核心。农产品电商供应链以满足消费者需求为核心，通过需求驱动供应链的生产、物流等不同职能，如农产品定制。

6.1.2 农产品电商供应链的服务主导逻辑

6.1.2.1 服务主导逻辑

传统的农产品电商供应链是以产品为中心，仅仅将电商视为农产品的新销售渠道或营销推广平台，更加注重农产品供给的数量、种类等功能性要素，如此难以给顾客带来优于线下渠道的消费体验。面对消费升级，农产品电商供应链由产品主导向服务主导的转变是大势所趋。

瓦戈和勒斯克（Vargo & Lusch，2004）首次提出了服务主导逻辑的范式和核心观点，他们认为服务是一切经济性交换的基础，建议重新审视产品和服务的关系，不需要区分商品或服务的主次与优劣，而是将二者统一到服务的框架之下。他们构建了相对成熟的理论框架，提出了服务主导逻辑的基本命题，如表 6 – 1 所示。

表 6 – 1　　服务主导逻辑的基本命题

服务主导逻辑	内　　容
1	知识和技能的应用是交易的基本单位
2	间接交易掩盖了基本交易单位
3	商品成为提供服务的分配机制
4	知识是竞争优势的根本来源
5	所有的经济都是服务经济
6	客户参与价值共创
7	企业只是提出价值主张
8	以服务为中心强调客户导向和关系管理
9	组织存在的价值即在于将专业化的能力转移和整合至复杂的服务中以满足市场的需求

资料来源：Vargo S L，Lusch R F. Evolving to a new dominant logic for marketing ［J］. Journal of Marketing，2004，68（1）：1 – 17；Lusch R F，Vargo S L. Service-dominant logic：reactions，reflections and refinements ［J］. Marketing Theory，2006，6（3）：281 – 288。

以上基本命题也带来了从商品主导逻辑到服务主导逻辑的基本概念的改变，如表6-2所示。

表6-2　　从商品主导逻辑到服务主导逻辑的概念演变

商品主导逻辑下的概念	服务主导逻辑下的概念
商品	服务
生产	过程
属性	解决方案
价值增值	价值共创
利润最大化	财务反馈/学习
价格	价值主张
平衡系统	复杂自适应系统
供应链	价值创造网络
促销	对话
商品导向	服务导向

资料来源：Lusch R F，Vargo S L. Service-dominant logic：reactions，reflections and refinements［J］. Marketing Theory，2006，6（3）：281-288。

由服务主导逻辑下的基本命题和概念演变可以看出，服务主导逻辑的核心思想表现在以下几方面：第一，所有经济的性质都是服务经济，在服务主导逻辑下，服务是一切经济交换的根本基础。从客户需求角度看，客户真正关心的不是企业所提供的商品或是服务，而是企业能否帮他解决遇到的问题，能否给他带来便利性和更高的效用。从逻辑上看，这种“便利和效用”具有非物质性。从经济学角度看，“效用性”和“便利性”取决于客户的体验和感知，从这个角度看更像服务而不是商品。在服务主导逻辑下，服务被定义为过程，即为其他实体的利益而应用某人（机构或企业）的能力和资源的过程（Vargo & Lusch，2004）。第二，服务主导逻辑强调企业和客户共创价值。服务主导逻辑的第二个核心观点就是对价值创造的重认识。在商品主导逻辑下，价值是由企业创造然后分配给消费者。而在服务主导逻辑下，企业只为客户提供价值主张，在价值主张被客户接受后与企业一起创造价值。第三，服务主导逻辑中所有参与者都是资源整合者。在服务主导逻辑下，价值创造需要的资源超越了企业—客户的双边界限，需要整合企业、客户、供应商、员工等不同方面的资源，从而形成一个价值创造的网络，被称为服务生态系统。

6.1.2.2 农产品电商供应链的服务主导逻辑

随着居民收入水平的提高以及数字化带来的消费推力，消费者的消费行为正发生深刻变化。埃森哲在其发布的《2018 埃森哲中国消费者洞察系列报告》中提出了消费者行为的五大趋势，即两线买（线上线下）、购物社交化、体验至上、健身消费、拥抱价值经济。在受访者中，超过一半（55%）的消费者愿意为便利性买单，近一半（47%）的消费者认为购物是社交的副产品，59%的消费者认为购物不仅是买东西，更是购买体验①。传统的农产品供应链是以产品为核心，以保证供应和稳定价格为主要目标。面对消费者消费行为的改变，农产品电商供应链应突出需求导向，以服务为核心创新农产品电商供应链模式，改进供应链效率及顾客体验。农产品电商供应链的服务主导逻辑体现在以下几个方面：

（1）重视过程和体验。在产品主导逻辑下，消费者更加关注的是农产品的生活必需品属性。此时的农产品供应链更加关注数量满足和价格稳定。伴随着农产品供给数量充足、消费者收入水平不断提高、农产品消费群体结构改变，消费者的消费行为正在发生深刻改变，视野和期望也不断提升。消费者对农产品的需求已经发生重大变化，由“数量满足”转向“品质追求”和“体验创新”。消费者想要的不仅是产品，还包括更好的消费体验。如果企业

---

① 2018 埃森哲中国消费者洞察系列报告：新消费 新力量［EB/OL］. https：//www. accenture. com/cn-zh/insight-consumers-in-the-new.

只将电商视作一个农产品销售渠道，则没有跳出“产品主导”的逻辑，在消费体验方面与其他渠道相比并无比较优势。对于农产品电商来说，其获取市场竞争优势、刺激消费者做出购买渠道转换的关键在于依托产品提供增值服务，为顾客带来优质的消费体验。

（2）顾客参与和价值共创。在商品主导逻辑下，农产品生产经营者创造价值并传递给消费者，由消费者消费它。在服务主导逻辑下，价值不是在市场交换中实现，而是在一定情境和场景下单位产出被使用而实现（刘林青、雷昊和谭力文，2010）。在互联网经济时代，对于消费者来说最大的价值就在于根据自己的生活方式去编辑生活，实现商品消费过程与消费者生活态度的契合。益普索在2016年的一项关于中国食品消费的调查表明，消费者在关注食品安全问题的同时，希望食物能够具有表达自我的功能，80%的受访者表示更倾向于个性化的食品品牌。农产品电商相比传统渠道的优势之一就是可以覆盖更多的消费场景，通过为顾客提供价值主张、帮助顾客编辑生活实现顾客参与和价值共创，如与顾客共同设计食谱引导其科学购买农产品。

（3）服务导向。服务主导逻辑将商品和服务统一到服务中来，强调所有的经济都是服务经济，客户导向和价值共创是其基本要义，这与当前农产品消费升级的需求正好契合。当前，农产品电商的主力消费群体是互联网经济发展的重要推动者，具有年轻化、学历高、收入高等特点。在农产品消费中，他们除了关注农产品品质外，越来越关注个性化、符号意义和精神价值，价格已经不是首要考虑的因素。这种非物质性的价值感知主要取决于消费者在购买农产品过程中的体验和感受，从这个角度看更像是“服务”而非“商品”。面对消费行为的改变，传统的“以产品为核心”、单纯追求农产品交换价值的供应链模式已经无法适应消费趋势的变化。与其他商品一样，“既要卖产品，更要卖服务”已经逐渐成为农产品生产和流通行业发展的重要趋势。对于农产品电商供应链来说，以差异化的服务实现农产品的价值增值，是其赢得顾客信任和获取市场竞争优势的关键。

6.1.3 服务导向下的农产品电商供应链模式创新路径

农产品是生活必需品，其购买具有高频次、批量小的特点，由此造成客单价一般较低；同时农产品具有易腐性和非标准化的特点，由此带来较高的物流成本。低客单价和高物流成本之间的矛盾使得很多农产品电商企业面临盈利的难题，仅仅通过物流系统的改进以降低物流成本已经证明无法从根本上解决这一问题，且过度降低物流成本可能带来物流服务质量的下降，给消费者带来劣质的消费体验。如前文所述，农产品电商的主要消费群体是受教育程度高的年轻消费者以及收入较高的家庭。据艾瑞调研的数据显示，农产品电商的主要消费者位于一、二线城市，且年龄集中在26~45岁之间（占比达88.5%），具有大学以上学历的消费者占比达94.8%①。这类消费者在购买时对农产品的品质和过程体验有着更高的要求，价格已经不是最重要的决策影响因素。对于农产品电商供应链来说，应针对目标消费群体的需求特点，以差异化服务为核心提供解决方案，跳出单一的产品思维，基于服务主导逻辑进行创新以获取市场竞争优势。根据前文的分析，服务主导逻辑下的农产品电商供应链应注重服务导向、体验提升和价值共创。在提升顾客体验的过程中，应同时注重使用价值和情境价值，这里服务情境应包含服务接触、服务场景以及服务生态系统三个层次（Akaka & Vargo，2015）。为此，本书将服务主导逻辑下的农产品电商供应链模式创新路径分为三个层次，即基于整合解决方案的创新、基于服务场景的创新、基于服务生态系统的创新。

6.1.3.1 基于整合解决方案的创新

在商品主导逻辑下，企业关注的是商品的属性。在服务主导逻辑下，企业应整合供应链资源为顾客提供整合解决方案，满足顾客深层次的需求。为

① 中国生鲜电商行业发展现状与趋势报告［EB/OL］. 搜狐网，https://www.sohu.com/a/225174664_200424，2018-03-09.

此，应基于个性化需求开发顾客的价值主张，以实现价值主张为目标设计整合解决方案，实现顾客价值增值。对于农产品来说，其顾客价值主张已经由过去的“吃得饱”“吃得好”转向现在的“吃的健康”“吃的有乐趣”，农产品消费已经成为消费者展示其生活方式和生活态度的重要方面。对于农产品电商供应链来说，如果仅仅将电商视作农产品的供求渠道或营销推广渠道，则难以给顾客带来更好的消费体验。为消费者提供个性化的生活服务解决方案是提升生鲜电商供应链竞争力的关键。为此，第一，农产品电商应明确目标客户群体。对于农产品消费来说，并不是所有的顾客都需要解决方案，电商企业应精准锁定目标客户，这类顾客追求健康时尚的生活方式，同时有对解决方案的支付意愿和能力。第二，应把价值创造作为解决方案设计的核心。农产品电商应以目标客户群体的个性化价值需求为基础，对产品和服务进行整合和定制化设计并传递给顾客，满足顾客的个性化需求。第三，构建价值网络。为了实现为目标顾客创造价值的目标，农产品电商供应链各主体间需要协同合作，农产品电商企业需要选择最佳的供应商，并加强对供应商的管理，以实现对农产品品质的控制、保证交易的稳定性、提升农产品物流服务质量、与供应商协同开发增值服务等。

以日本生鲜电商 Oisix 为例，其主要销售有机蔬菜和水果，目标定位于高端市场，为目标客户提供个性化生活解决方案。为保证农产品品质，Oisix 选择优质的供应商进行合作并加强对供应商的管理。有近万个种植生产组为 Oisix 提供生鲜农产品，企业对所有农产品生产者的生产过程进行全程记录及生产过程的技术指导，并建立质量可追溯体系；同时不断更新和完善农药化肥使用的数据库，以保证农产品生产过程中使用的化肥农药都在合理的范围之内；在农产品产出之后，Oisix 要进行严格的质量检验，以保证农产品质量安全。为降低物流过程中的农产品损耗，Oisix 专门针对农产品运输过程中的温度管理及农产品包装过程进行了研究，最大限度保证农产品的新鲜程度。为了给顾客创造更多价值，Oisix 还设计开发出多种类型的增值服务。Oisix 不仅为顾客提供高品质的农产品，还会向顾客提供不同类型农产品的加工方法、多样化的食谱、新式的烹饪家电及厨具，使顾客在新式烹饪中获得生活的乐趣。Oisix 成立了“食品技术基金”（food tech fund），用于投资新食材的农业生产技术、对农产品营养以及味道的研究、应用新技术的厨具、其他与食品有关的技术和服务研究，目的在于为顾客提供超越农产品本身的、更高价值的服务。①

6.1.3.2 基于服务场景的创新

服务场景是指服务场所中所包含的各种经过设计及控制的环境要素（Bitner，1992）。随着消费行为越来越个性化、专业化，服务场景对于企业获取竞争优势至关重要。传统农产品电商一般是单一的线上消费场景，即顾客根据购买需求线上浏览农产品信息、下单并在线支付，然后由物流将农产品直接配送至消费者手中。单一的线上消费场景存在两方面因素影响顾客对农产品的购买行为。第一，农产品线上交易本身带来的信任问题。在电商环境下，信任是影响线上交易的关键因素。消费者无法像线下交易一样可以同卖家进行“面对面接触”，无法在购买前亲自查看其所购买的商品，因此面临更多的不确定性和风险。信任问题是电子商务发展初期面临的主要制约因素，但随着电子商务交易制度的不断完善以及顾客消费行为的改变，消费者对线上交易的信任程度不断提高，很多消费者已经形成了线上购买习惯。但农产品不同于其他商品，其质量好坏直接影响消费者的身体健康，对消费者的重要性程度更高。为此，消费者对自己亲自挑选、面对面购买的农产品会有更多信任。少数生鲜电商以次充好，更进一步加剧了消费者对农产品线上交易的信任问题。第二，物流过程中的服务问题。消费者选择线上购买农产品的重要原因就在于其可以直接配送至消费者手中。由于生鲜农产品很多是即时性消费，由于物流问题造成的顾客无法及时收货，或者物流过程中造成

① Oisix：一家活了 16 年的生鲜食材电商，究竟有什么奥秘？［EB/OL］. https：//baijiahao.baidu. com/s？id = 1549030065780298&wfr = spider&for = pc，2016 - 10 - 24.

的农产品新鲜程度降低、品质下降均会降低顾客体验水平。

在服务主导逻辑下，农产品电商供应链除了为顾客提供优质的农产品外还应设计集效率性和社会性于一身的服务场景，为顾客带来良好的情景价值和消费体验。基于服务场景的农产品电商供应链创新应包含以下几方面内容：一是通过服务场景设计提升顾客的便利性。服务场景应可以满足顾客随时随地购买农产品的需求，实现与消费者需求的无缝对接。农产品电商需要在可能与顾客接触的所有节点之上进行场景设计，既能满足购买便利性又能提升取货便利性。二是通过服务场景设计增加顾客的信任程度。如前文所述，信任问题是单一线上场景面临的重要问题，为此农产品电商应设计有利于增进信任的服务场景，如开设线下体验店或直接将消费者带入农场进行参观体验。三是增加服务场景中的象征要素。象征要素是指能够表达消费者所属的某一群体的共同情感的情景要素，这种要素可以唤起消费者的情感或对其所属群体的身份认同，进而吸引或阻止他们进入某一消费情景（李慢等，2013）。为此，农产品电商供应链在服务场景设计中应增加社交性、内容性要素以建立同消费者之间的情感连接，进而激发顾客的购买意愿。如基于社群设计新的消费场景，利用社交性因素影响消费者的购买行为。

6.1.3.3 基于服务生态系统的创新

服务生态系统是服务主导逻辑理论的核心概念，是由资源整合者通过共享的制度安排和服务交换进行价值共创和连接的相对独立、自我调节的系统（Lusch & Vargo，2014）。在服务生态系统中，利益相关者之间有着共同的价值观，有相应的制度逻辑协调参与者的行动，以实现资源整合和价值共创（Lusch & Vargo，2006）。资源整合、制度以及服务提供过程中的互动性是服务生态系统的关键（Vargo & Lusch，2011）。服务主导逻辑下的农产品电商供应链模式创新的最终目标在于构建服务生态系统，引领新式消费体验、全面提升顾客体验水平。服务生态系统的核心要义是参与者基于特定情境，在服务交换中通过资源整合以及制度约束互动实现价值共创。为此，一是整合农产品电商供应链资源。在农产品电商供应链的服务生态系统中，电商平台通过加强与供应商的合作以及强化对供应商的管理整合产品资源，为客户甄选提供高品质、个性化的农产品；通过整合线下实体零售和物流资源，实现线上线下融合，为客户提供“两线买”的无缝购物渠道，增加消费者的便利性、提升农产品购买过程的体验水平；同时，通过整合营销及金融资源，为客户节约农产品线上购买的信息搜寻成本，带来支付的便利性。二是打造多样化的服务场景。农产品电商供应链主体间协同打造涵盖线上线下的多样化互动式服务场景，各场景间互联互通、涉及有关食物的诸多方面，为顾客带来良好的消费体验。三是进行服务生态系统的制度约束设计。电商企业作为服务生态系统的核心为资源整合提供支持环境和制度规则，为参与者提供服务生态系统的接入口。制度约束设计以客户价值主张为导向，协调服务生态系统参与者的价值共创行为，如农产品品质提升、农产品获取的便利性、个人价值的表达、农产品购买过程中的参与性等。

6.2 农产品电商供应链的物流服务创新

物流问题是困扰生鲜农产品电子商务发展的核心问题，由物流问题造成的生鲜农产品损耗、变质或品质下降不仅会给电商带来巨大的退货成本，更为重要的是降低客户的体验水平和重复购买的黏性，还会对网络社交口碑造成消极影响。对于企业来说，农产品电商的物流成本远高于线上销售的其他商品，中国电子商务研究中心的监测数据显示，2015 年国内生鲜电商的平均客单价为 150 元，其中物流履单成本占据了 50%。破解生鲜农产品电子商务中的物流难题，不仅有利于提升生鲜电商企业的服务质量和经营绩效，对于实现生鲜农产品电子商务行业的健康发展也具有重要的现实意义。物流的本质是服务，其最终落脚点是顾客满意。对于物流服务来说，服务创新是提升服务效率、改进服务质量的关键（申静等，2016）。服务创新是指在服务过程中服务企业采用新思想或新技术来改善和变革现有的服务流程和服务产品，提高服务质量和服务效率，为顾客创造新的价值，并形成企业的竞争优势。

农产品电子商务中顾客对物流服务的需求特性包括以下几个方面：一是即时性。即时性即对顾客需求的快速响应。生鲜农产品的特性使得顾客对速度的要求远高于其他线上商品。特别是当获取生鲜农产品的渠道转换成本较低时，速度将直接决定着顾客的体验水平和重复购买意愿。例如，如果顾客突然想吃某种水果，但发现网上订购要第二天才能送达，那么他很有可能选择去附近的超市、水果店或农贸市场购买了。二是位置响应性。位置响应性即根据顾客所在的位置提供信息和服务。相比于其他商品，由于生鲜农产品的易腐性及需求刚性，因位置原因造成的延迟收货或无法收货会给顾客带来更大的价值损失。位置响应性要求生鲜电商的物流系统能够对顾客位置的变动做出动态、快速的反应。三是安全性。即降低因物流过程对农产品质量造成损坏的可能性。从顾客角度看，顾客对生鲜农产品质量安全的关注度远高于其他商品；从物流角度看，物流过程对生鲜农产品质量安全的影响也要大于其他商品。为此，保障生鲜农产品的质量安全是生鲜电商物流最基本也是最重要的要求。

6.2.1 农产品电商的物流服务创新模式

物流是农产品电子商务发展的基础，农产品的易腐性和保鲜性要求对物流过程提出了更高的要求。农产品电商的物流服务创新主要表现在技术和组织两方面：

6.2.1.1 物流技术创新

技术是物流服务创新的基础和支撑，技术的进步往往会促进物流服务的颠覆式变革。对于农产品电商来说，由技术进步带来的物流服务改进是破解当前电商发展面临的物流难题的关键。物流技术创新可能是某一特定物流职能方面的改进，如精准温控技术、冷藏包装技术、无人卡车运输技术等；也可能是基于顾客需求响应的物流技术系统性创新，如智能终端。武汉家事易公司推广的“电子菜箱”和上海厨易时代是智能取货终端的代表。以厨易时代为例，消费者在线上订货并支付之后，即可在就近在智能终端取货。“厨易时代”选择特定小区，开设实体门店“厨易站”。厨易站配有自主研发的可视化小冷库，用以售卖并贮藏农产品。消费者可以从电脑、手机上浏览“厨易时代”商城订购，上午在网上订购，下午即可在小区厨易站提取所订购的农产品。针对小区居民收入水平和消费习惯的差异，厨易时代对产品进行了细分，为年轻白领和双职工家庭提供半成品菜和加工菜，而对于买菜时间充裕的老年人群体，则提供在价格上具有优势的、更大众化的产品。

6.2.1.2 物流组织创新

组织创新是提升物流效率和物流服务质量的重要方面。物流组织创新重在资源整合和流程优化。农产品电商的物流组织创新包括以下几方面：一是仓配一体化。仓配一体化是指互联网背景下的仓储网络与配送网络的有机结合，意在为客户提供一站式仓储配送服务，是对客户订单的一体化物流解决方案。仓配一体化模式有利于节约仓储和运输成本，提高存货周转率和配送效率，改善用户体验。对于农产品电商来说，可根据其自身经营情况选择自建仓配一体化系统，或者将仓配一体化外包，如此可以有效降低物流成本，提高效率。二是前置仓模式。前置仓模式即指更靠近消费者的小型仓储单位，多布局于消费者集中的社区或办公楼附近；也可能是直接将零售终端赋予仓库功能，门店即小型仓储配送中心。前置仓模式使得中央仓库只需对前置仓供货，将农产品提前直接配送至前置仓存储待售；客户下达订单后，由前置仓组织完成包装过程和“最后一公里”配送，实现在合理的范围内以最短的时间将农产品配送至客户手中。无论从成本还是效率角度看，前置仓模式较农产品直接配送均具有较大优势。三是共同配送模式。消费者对农产品需求的小批量、个性化、多样化趋势越来越明显，便利性已经成为现代消费的核心要素，对农产品配送的速度、弹性化均提出了更高的要求。农产品电商的共同配送模式可以满足客户的深度服务需求。农产品电商的共同配送汇集不同物流企业的配送站点、车辆、仓库、路线等资源，进行横向及纵向的业务组合和流程优化。农产品电商的共同配送有利于实现物流配送的规模经济效益，在降低物流成本的同时，提高配送效率。

6.2.2　农产品电商物流服务创新的价值创造机制

企业的价值链必须与顾客的价值链相匹配，企业的竞争优势来源于其可以为顾客创造价值。对于生鲜电商来说，顾客体验将是其发展的决定性要素，顾客体验将直接影响顾客忠诚度和顾客黏度。一种商品的体验要素应包括消费者的个性化需求、商品的核心性能和速度、交互功能、细节设计等方面。物流因素制约生鲜农产品电子商务发展的机理在于其对用户体验的影响作用。在生鲜电商物流中存在着明显的成本效益悖反，即物流成本与服务水平的效益悖反。顾客选择网购生鲜农产品，需要获得相比于线下购买更好的消费体验，由此对物流服务提出了更高的要求；但生鲜农产品的特有属性使得生鲜电商的物流服务质量具有更高的成本弹性，即一定程度物流服务水平的提升需要更高的成本投入。服务创新本质上是一种企业价值创造的活动（Kastalli et al.，2013）。生鲜电商的物流服务创新有助于克服成本效益悖反，在提高生鲜电商企业物流效率和经营绩效的同时，通过提升物流服务质量和创新物流服务模式为顾客带来更好的消费体验，实现顾客价值增值。物流服务创新对生鲜电商顾客价值创造的作用机制如图 6－1 所示。

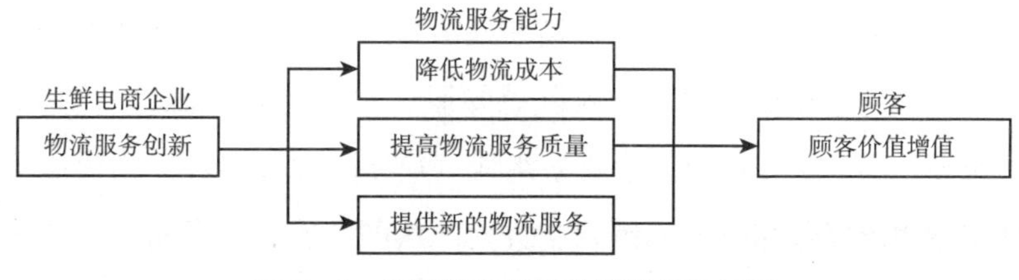

图 6－1　物流服务创新的价值创造机制

6.2.2.1 服务创新提升生鲜电商的物流服务能力

从创新程度角度看，服务创新可以包括两个层面：一是改变旧服务，优化服务流程，提升服务效率和服务质量；二是开发新的服务产品，即一种尚未被采用过的更为有效的服务方法或手段，以实现其市场价值。对于生鲜电商企业来说，服务创新可以降低企业的物流成本、提升服务质量，并提供新的物流服务产品，以实现生鲜电商物流服务能力的提升，进而形成企业的竞争优势和顾客价值创造能力。

（1）降低物流成本。生鲜电商的物流服务创新对生鲜电商运营的最直接作用表现为物流成本的降低，进而实现对生鲜电商供应链整体绩效的改进。从功能和流程角度看，物流成本可以分为物流功能成本、物流流程成本和供应链物流成本。物流功能成本即运输、存储、装卸搬运、流通加工、配送、信息等各项物流功能成本的总和；物流流程成本即整个物流流程的总成本，但其不是各项功能成本的简单叠加而是有机组合；供应链物流成本即跨越企业边界的供应链中物流流程的总成本（陈正林，2011）。通过理念创新、技术创新、界面创新、组织创新，不但可以降低物流功能成本，同时可以降低物流流程成本和供应链物流成本。如通过产地直接采购生鲜农产品，可以减少生鲜电商的供应链环节，从而减少供应链物流成本。再如美国的生鲜电商 Farmig 开创了以“食品社区”为单位的生鲜农产品团购配送模式，Farmig 平台直接连接农户和消费者，“食品社区”中的消费者在网站中选择订购生鲜农产品，农户会每周汇总“食品社区”的订单并定点配送一次，这种团购配送模式大大降低了物流成本。

（2）提高物流服务质量。格鲁诺斯最早将质量的概念引入服务领域，提出服务质量是“期望服务水平与实际感知服务水平之间的比较”，其由服务产品、服务传递、服务环境三个要素组成（Cronroos，1984）。物流服务实质上包括实体物流服务和顾客营销两个方面。从顾客感知视角看，物流服务质量应包括订货过程中的人员沟通质量、订单释放数量、信息质量、订购过程，以及收货过程中的货品精准率、货品完好程度、货品质量、时间性、误差处理质量。生鲜电商的物流服务过程不但会影响电商企业的绩效，更为关键的是影响客户的网购体验和忠诚度。桑德博和加洛伊（Sundbo & Gallouj，1998）提出服务创新的直接动力和目标就是提升服务质量，服务创新对服务质量的多个维度均具有正向影响。生鲜电商通过服务创新可以提升物流服务质量，进而改进电商企业绩效和顾客价值。如可通过GPS技术定位消费者所在地，实施即时精准配送，不但满足时效性还可以避免收不到货的问题，如此既降低了物流成本又实现了高质量的服务。

（3）提供新的物流服务产品。生鲜电商物流服务创新的最高层次是开发新的服务产品。在理念、技术、组织、界面等维度进行创新，开发新的物流服务产品。新的物流服务一方面应提升生鲜电商企业的价值，是生鲜电商物流体系整体优化的结果；另一方面应通过物流服务功能优化和延伸为顾客创造新的价值。对于生鲜电商的新物流服务开发来说，可以从以下几个方面着手：一是基于供应链开发新的物流服务，如与生产基地、农民合作社、新农人等结成合作联盟，实现生鲜农产品的产地直采，同时通过参与生产过程实现对农产品质量的控制，打造优质高效的生鲜农产品供应链。二是基于产品开发新的物流服务，如根据不同生鲜农产品的属性，采取不同的存储、运输、包装标准及物流流程控制手段，最大限度地保障农产品的新鲜程度，实现生鲜农产品的品质物流。三是基于顾客需求开发新的物流服务，延伸物流功能，如为顾客提供加工后的生鲜农产品，或根据顾客的需求数量和营养需求为其设计合理的生鲜农产品采购组合，并进行终端配送。

6.2.2.2 优质的物流服务创造顾客价值

服务水平的高低取决于顾客感知，具有较强的主观性。根据途径—目的理论，顾客感知到的价值可以分为产品属性层、消费结果层和终极状态层三个递进层面。从这三个层面看，生鲜电商对消费者的价值贡献表现为：在产品属性层面，消费者可以降低其购买过程的体力和时间付出，并获得传统渠道中难以获得的特色农产品；从消费结果层看，消费者可以获得更优的效用—成本比；从终极状态层看，消费者选择网购生鲜农产品反映了其内心深处的价值观，是一种对生活方式的追求。

在传统生鲜农产品流通渠道中，农产品一般要经过经纪人—产地批发市场—销地批发市场—零售端四个环节才能到达顾客手中，这里的零售端可能是农贸市场、连锁超市或社区菜店。在这种多层次的农产品流通体系中，物流是以自然形态物流、常温物流为主，导致了生鲜农产品损耗严重，品质受损。生鲜电商地出现在很大程度上是顺应消费需求多元化、个性化以及体验经济、共享经济发展的趋势，满足消费者对品质生活的追求。伍德拉夫（Woodruff，1997）将顾客价值定义为顾客在一定的情境下对产品属性、产品功效以及使用结果达成其目的和意图的感知的偏好和评价。物流服务对于生鲜电商的顾客价值创造过程具有决定性影响，高品质的生鲜农产品、好的商业模式都会因物流问题而失去其应有的价值。优质的物流服务将会给消费者带来更好的生鲜电商消费体验，增加顾客价值。生鲜电商通过物流服务创新对顾客的价值贡献表现为以下几个方面：

第一，通过精准送达、冷链快速配送、即时配送等高品质、个性化的物流服务可以为顾客提供最大程度的便利性，在节省其购买体力和时间成本的同时，为顾客创造良好的消费感受，增加其对整个网购过程的满意度。

第二，生鲜电商通过产地直采、供应链整合、冷链物流网络布局大大减少了物流环节，节省了配送时间，有利于生鲜农产品的保鲜和品质保障。

第三，生鲜电商通过供应链管理，一方面，提升与合作伙伴特别是上游供应商的关系水平，保证交易稳定性，合作打造生鲜农产品的电商品牌；另一方面，通过参与种养殖环节，加强对农产品质量的控制，为顾客提供质量安全的生鲜农产品。

第四，生鲜电商通过延伸物流功能、开发新的物流服务对接顾客需求，为顾客设计新的生活理念和模式。生鲜电商 Ocado 就提出了未来冰箱理念，未来冰箱可以扫描顾客冰箱货架上存储食物的信息，通过大数据技术预测家庭的生鲜需求，并连接至Ocado网站的数据库，从而实现精准营销和精准物流。未来冰箱使生鲜电商管理到每一个顾客家庭的生鲜需求，不仅增加了顾客黏性，更为顾客创造了价值。

6.2.3 农产品电商物流服务创新的着力点

尽管生鲜电商发展迅速，但很多电商企业却因为无法克服物流难题，一方面，使企业盈利困难；另一方面，无法为顾客提供满意的消费体验。从服务视角分析生鲜电商的物流问题，更有利于找到破解这一难题的有效方式。服务创新是提升生鲜电商物流服务质量，为顾客创造价值的重要驱动力。农产品电商的物流服务创新包括物流技术创新和物流组织创新两个方面。物流服务创新可以降低农产品电商的物流成本、提高物流服务质量、提供新的物流服务产品，通过为顾客提供优质的物流服务改进消费体验、贡献于顾客价值增值。

6.2.3.1 农产品电商的物流服务应关注顾客的价值创造

企业的竞争优势源于其为顾客创造价值的能力。在竞争激烈的生鲜电商行业，谁能提供高效优质的物流服务，谁就能把握市场先机，赢得顾客忠诚。相比线上其他商品，生鲜电商的低效物流或劣质物流服务会给顾客和企业带来更大的价值损失。如果生鲜电商仅将物流视作成本的产生点，只关注于如何降低物流成本，那么很难取得长期的发展。生鲜电商的物流服务应关注顾客的价值创造，将物流视作企业核心能力和竞争优势的来源，通过物流服务创新提高服务质量和创新服务模式，为顾客创造更好的生鲜电商消费体验。

6.2.3.2 通过物流服务创新打造差异化的农产品电商供应链

农产品电商的快速发展是基于消费需求多元化的趋势。物流是供应链过程的一部分，农产品电商应通过在物流技术和物流组织两方面的创新，打造差异化、创新性、专业性的农产品电商供应链，在快速响应市场需求、保障农产品品质及质量安全、为顾客提供最大程度的消费便利性、充满感情色彩的消费体验等方面做出卓越表现，满足顾客多元化的需求，提高农产品电商的顾客黏度和市场渗透性。

6.2.3.3 以服务创新促进农产品电商物流资源的整合和高效利用

农产品电商的物流服务创新应是开放式创新，与外部资源有着较强的交互性。在物流服务创新中应加强与外界的合作，特别是与顾客、供应商甚至竞争对手的合作。对于生鲜电商来说，其物流过程可以选择自建物流也可以选择第三方物流。自建物流有利于对物流服务质量的控制，但需要较大的前期资本投入和较高的后期维护成本；第三方物流可以节约成本，但电商企业对物流过程的控制程度较低，尤其是在我国缺乏专业化的全程冷链物流服务商的背景下，物流服务质量难以保证。为了克服这一两难的选择，农产品电商特别是小规模生鲜电商应树立合作竞争和开放式创新理念，与供应商或竞争对手协同合作推进物流服务创新，如建设共同配送中心、合作组建冷链物流联盟、购买大型电商的开放式冷链物流服务等，提高物流资源的利用效率。

6.3 基于社群经济的农产品电商供应链模式创新

社群是指在互联网时代，具有共同价值观和亚文化的群体，具有小众化、圈层性、兴趣性的特征。社群更强调成员间的即时性互动与关系连接，本质上是一种靠关系或共识聚集在一起的群体。当代社群经济是建立在互联网基础上，由消费者自己主导的商业形态，可以为消费者创造更多价值，降低交易成本。社群电商的发展符合消费升级以及消费分级的趋势。为此，本节将分析基于社群经济的农产品电商供应链模式。

6.3.1 社区支持农业

具有社群经济特征的农产品供应链模式起源于20世纪60年代出现的社区支持农业（community supported agriculture，CSA）模式，较早出现在德国、瑞士、日本、美国等国家。社区支持农业是经营者与消费者合作从事农场运作的生产模式，消费者预付产品款额，农场按期向其供应安全的“特供”农副产品，从而实现生产者和消费者风险共担、利益共享。随着工业化和城市化的快速发展，居民的收入水平不断提高，同时也带来了环境污染和食品安全等问题。这时，消费者的需求已经转向良好的生态环境和高品质的食品。频发的食品安全问题加剧了消费者对食品安全的担忧，社区支持农业在这一背景下兴起。

6.3.1.1 国际社区支持农业的发展背景

日本的社区支持农业是由城市消费者发起，起源于一些家庭主妇开始关注农药和化肥对食物的污染，以及加工与进口食品数量不断增加，本地的新鲜农产品越来越少。消费者于是主动寻找高品质、有机农产品的生产者并与其达成协议，约定农产品生产者按照有机的方式进行生产，消费者会预付高于普通农产品价格的货款。美国的社区支持农业方式多由农户发起，吸引消费者参与。大部分CSA农场不需要消费者参与农产品的生产过程；少部分农场有消费者参股，消费者可直接参与农场劳动与管理。在欧洲，德国于1986年建立了为成员提供农产品的集体农场；英国成立了“箱式计划”，由小型有机农场提供预订服务，为消费者提供箱装农产品。

6.3.1.2 我国社区支持农业模式的发展

近年来，我国的社区支持农业模式进入了快速发展阶段。我国的社区支持农业发展主要有以下几种模式：一是“包地”模式。“包地”模式即由消费者与农户签订契约，约定价格、期限、“包地”面积、种植品种、采摘周期、取货方式等，特别是对农产品生产过程中的农药、化肥使用有严格限制，目的在于保障农产品质量安全，消费者与农产品生产者风险共担、收益共享。在“包地”模式中，消费者无须参与农产品的生产过程。二是参与模式。社区支持农业的参与模式即消费者可以参与到农产品的生产过程之中，在获得高质量农产品的同时体验到田园风关和农事乐趣。三是生产者社区直销模式。生产者社区直销模式即以农民合作社（联社）、家庭农场、农业龙头企业等为主体，以连锁经营和社区直供为组织形式，将其生产的农产品通过社区菜店等零售终端网络直接供给社区消费者，实现“农社对接”。终端的商业形式可以是连锁社区菜店也可以是以直营菜店为基础的商业综合体。以天津黑马社区菜店为例，“黑马农产品销售专业合作社联合社”通过在社区建立社区菜店，实现其所生产的100多种农产品的直供直销。四是按份额配送模式。由社区支持农业（CSA）农场生产农产品，按照消费者与农场约定的价格、品种、配送周期等由农场通过自营物流或第三方物流服务实现农产品的“门对门”送货，既保证了农产品质量安全，又为消费者提供了便利。

6.3.2 农产品社群电商供应链模式创新

6.3.2.1 基于食品社区的农产品电商供应链模式

食品社区模式即以整个社区为农产品销售单位，通过社区集市、电商等平台实现与农产品生产者（农民合作社、家庭农场等）的对接，实质上是一种消费者联盟对接生产者联盟的形式。“产”联盟即生产者联盟，由农民合作社、家庭农场或农业龙头企业组成的供给联盟，“销”联盟即消费者联盟，由消费者自发组成的消费合作组织。在社区支持农业（CSA）基础上，美国出现了CSA社区集市，每周定时定点在社区进行农产品直销。美国的Farmigo公司以“社区”为销售单位，“社区”可以是临近居住的住宅区邻居，或者一幢办公楼里的同事，一所学校等，“社区”里的每一位消费者都可以自主在网站中点菜，当地农场则会每周将来自同一个食物社区的单个的订单汇总，每周给每个食物社区定点配送一次，随后由消费者自己取回各自订购的食物。

北京的京合农品公司是依托电商平台运作食品社区模式的典型代表。2013年，在北京市总工会的指导下，由北京市总工会职工消费合作社、北京市农研职工消费合作社、北京市政府研究室职工消费合作社、北京联合大学职工消费合作社等若干家企事业单位职工消费合作社组成了北京市职工消费合作社联盟。目前，已有14家单位的消费合作社加入该联盟。职工消费合作社是以共同消费放心、优质、低价、有品牌的安全农产品为纽带成立的职工自治联合体。组建职工消费合作社的目的是建立稳定的、有组织的消费者团体，依托“社社对接”流通模式，与生产者形成稳定的农产品直销直购关系，用直销、团购、参与式保障、电子商务和集中配送等现代智能化供应链管理手段，最大化降低流通成本，达到最大幅度地保障消费者农产品安全水平，最大限度地降低消费者农产品消费成本的目的。

6.3.2.2 农产品社群电商供应链模式

农产品社群电商是利用微信、微博等具有一定影响力的社群平台，向有共同兴趣爱好、价值取向的消费者群体提供电商入口，由社群中的成员自行选择符合群体需求的高品质农产品。与微商经营产品不同的是，兴趣社群电商经营的是客户群体，即先经营农产品客户群体，再根据客户群体的需求向其提供高品质农产品。基于兴趣社群的农产品社群电商模式具有以下特点：一是农产品社群电商的本质是信任，客户间拥有更强的关系连接和信任关系，同时依靠社交平台不断沉淀社群关系。二是优质专业的产品和服务是农产品社群电商发展的基础，依靠高品质商品形成流量入口。三是通过提供与兴趣社群成员需求相匹配的农产品和服务实现流量价值。

有好东西是社群电商平台的代表，致力于打造高品质的家庭生活，其经营模式具有以下特点：一是优质的农产品是维系社群信任的核心。信任是社群分享的基础，有好东西的优质农产品成为社群内维系信任的纽带。有好东西以严苛的质量控制标准保证其所销售的农产品的品质。有好东西在进入农产品销售领域之初就实行了农产品产地直采，并设立了“寻味师”这一特殊职位。“寻味师”的职责在于严格甄选高品质农产品，追溯农产品生产源头，把控农产品健康指标，每一种上线销售的农产品都要经历数轮的测试及试用，尽最大努力提升顾客的购物体验。二是 S2B2C 的社群电商模式。S 即供应链平台，B 即直接服务顾客的商家，C 即最终顾客。有好东西的 S2B2C 模式中，S 是有好东西社群电商平台，B 是有好东西的“甄选师”社群体系，C 是每个社群中的顾客。“甄选师”即社群电商中的所谓店主，“甄选师”即是有好东西平台的用户，也是农产品销售人员，每一个“甄选师”都有一个规模在 200~300 人的微信群，进行商品信息的发布以及购买交流。有好东西的微信社群是依靠“甄选师”群体来运营，5 万个“甄选师”运营着 5 万个微信群，甄选师成为有好东西与顾客之间联系的纽带，“甄选师”是商品的销售者和服务者。有好东西平台会协助“甄选师”打造差异化的社群营销模式，通过图文、视频、寻味笔记、晒单等社群运营要素，促进社群内成员间互动，触发社群成员购买行为。有好东西将“甄选师”打造成高品质农产品的推荐专家和社群的意见领袖，使“甄选师”的每一次群内互动都提供高质量的内容，促进农产品的销售、重复购买以及分享①。同时，“甄选师”也会将社群内的消费需求反馈给“寻味师”，协助“寻味师”进行农产品销量预测及更新上游农产品生产标准。三是完善的物流配送服务是高质量服务的保障。物流环节对顾客的最终购物体验具有十分重要的影响。有好东西投入大量资源构建专业的仓配团队，与知名物流服务商进行合作，在农产品运输、包装、存储、配送等方面进行科学管理，保证商品配送的准时性和高效性。

---

① 社群电商做到月流水 8000 万的有好东西，怎样打“好”这张牌？［EB/OL］. 搜狐网，https：//www. sohu. com/a/246925321_196540，2018 - 08 - 13.

第7章
"互联网+"背景下的农产品全渠道供应链模式

随着经济社会的发展，中国消费者的购买行为正在发生着深刻的变化，特别是网上购物的规模逐年增加，线上线下购物并行发展，"全渠道"购物已经成为消费购物的重要趋势。这既来自消费需求的拉力，消费者对体验性、便利性、时效性的要求越来越高；也来自技术的推力，互联网、大数据、现代物流等技术的发展使得全渠道流通成为可能。

7.1 "互联网+"背景下的全渠道模式

美国国际数据集团在其2009年发布的零售研究报告中首次提出了"全渠道购买者"的概念。美国贝恩公司研究员达雷尔·里格比（Darrell Rigby）在2011年第12期的《哈佛商业评论》（*Harvard Business Review*）中发表了《购物的未来》（*The Future of Shopping*）一文，在该文中提出了"全渠道"战略。他认为，面对激烈的竞争，传统零售商要生存和发展必须实施"全渠道零售"（omni-channel retailing）战略，即探索实现传统实体店的优势与电商信息优势的完美结合以促进销售。在全渠道零售场景中，零售商可以通过多种渠道或接触界面与消费者互动，并设法使购物过程充满乐趣和情感，提升客户体验。由此可见，全渠道零售的核心要义在于，一是零售商通过线上线下的深度融合为客户提供全天候且集购物、娱乐以及社交的全方位生活服务；二是消费者可以在多种不同渠道或场景的购物过程中获得更好的体验，使购物过程变得更有乐趣。

7.1.1　从多渠道到全渠道的演化分析

零售渠道是产品或服务从上游主体转移到最终消费者所经历的路径。随着消费需求的不断变化和升级，商品零售渠道也正在经历着由单一渠道、多渠道到全渠道的演化，如图 7－1 所示。单渠道即通过单一渠道向客户提供产品，这里的单一渠道可以是实体零售店、网店或者是社交性质的商店。多渠道是指零售商通过多种渠道向客户销售商品。在多渠道零售中，每一条渠道都是独立完成该渠道全部而非部分商品销售功能。

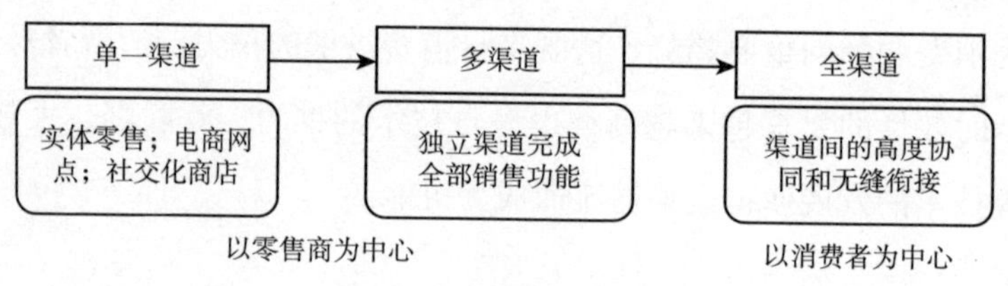

图 7－1　零售渠道的演化

齐永智和张梦霞（2015）提出单渠道和多渠道均是以零售商为核心的，而全渠道则是以消费者为中心的渠道模式。在单渠道或多渠道中，消费者是被零售商人为割裂的，即便是在同一零售商的不同渠道购买相同的商品，仍被会视为不同的消费者。而在全渠道模式中，无论消费者在该零售商的任何一类渠道购买商品，都会获得相同的服务和购物体验，不同渠道之间是无缝对接，消费者在同一零售商的不同渠道中是同一个人①，表 7－1 列示了多渠

① 齐永智，张梦霞．SOLOMO 消费驱动下零售企业渠道演化选择：全渠道零售［J］．经济与管理研究，2015，36（7）：137－144.

道与全渠道的区别。

表7-1　多渠道与全渠道的比较

项目	多渠道	全渠道
渠道特点	互动渠道	互动和大众传播渠道
渠道范围	商店；网站；直接营销（目录）	商店；网站；直接营销（目录）；移动渠道；社会化媒体客户接触点（包括：大众沟通渠道）
渠道分离性	独立渠道，没有重叠	整合的渠道，无缝对接的购物体验
渠道和品牌	顾客—渠道关注	顾客—渠道—品牌关注
渠道管理	每一个渠道	跨渠道目标
目标	单一渠道目标（每一个渠道的销售额，每一个渠道的购物体验）	整个的购物体验，全渠道总的销售额

资料来源：笔者整理。

7.1.2 "互联网+"背景下的全渠道模式

早期的单渠道或多渠道零售主要包括实体商店、售货亭、商品目录等形式，随后拓展到电视购物、呼叫中心等形式。随着互联网的快速发展，电子商务成为商品销售的重要渠道。实体零售的体验、物流、服务优势与电子商务的信息流、资金流优势有机融合，使得线上线下融合的全渠道模式形成了强大的市场竞争力。

美国沃顿商学院教授贝尔（Bell，2017）在其著作《不可消失的门店》（*Location is still everything*）中分析了电子商务拓展线下实体零售终端后的效果。一是线下店的拓展促进了总体销量的增加。因为实体店的存在为电商渠道赋予了更多的知名度和可信度，很多人在线下体验后会选择线上购买。二是商品的购买转换率提升。因为消费者在线下实体店可以直接接触并感知商品，可以激发消费者的购买动机。这一点对于农产品尤其是生鲜农产品十分重要。农产品属于典型的场景类消费商品，新鲜的、五颜六色的农产品很容易刺激消费者购买。三是线下实体店布局越多，电商品牌的影响力就越强，进而会刺激很多潜在的消费者去线上访问。对于体验类商品来说，线上线下融合的全渠道模式具有独特的销售竞争优势。

图7－2从信息传递和订单履行两个维度分析了不同类型渠道的特点，其中信息传递可以通过线上方式也可以通过线下方式，订单履行过程可以是自己提取也可以是物流配送。不同的信息传递（线上、线下）和订单履行形式（自己提取、物流配送）构成了四个象限，分别对应“传统零售”“电子商务＋体验店”“实体零售＋电子商务”“纯电子商务”四种渠道模式，全渠道模式是四种模式的深度融合。

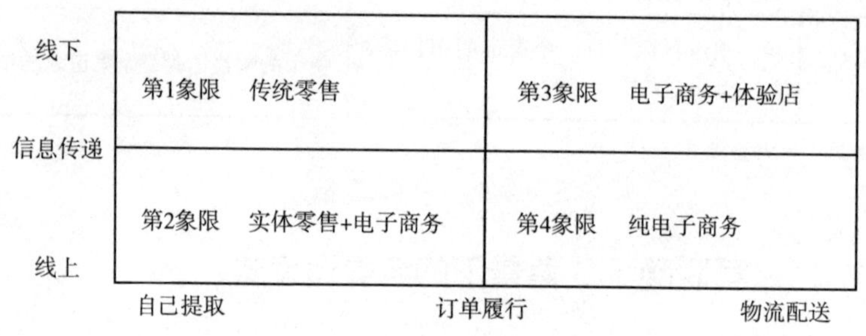

图7－2　信息和订单履行矩阵

从商品信息获取角度看，在第2、第4象限的渠道类型中，商品信息是通过远程手段（如购物网站）传递给消费者。在这种类型中，消费者难以对商品进行完全观察和准确评估，不确定性是影响消费者在线购买意愿的关键因素，尤其是首次在线购买的体验非常重要。当消费者形成品牌或产品经验，则可能愿意依赖纯粹的线上信息进行后续的线上购买。在第1、第3象限的渠道类型中，商品信息是消费者通过面对面接触直接获取，这种信息传递方式适用于“重体验型”商品如农产品。从商品获取角度看，消费者直接进行线下访问获取商品可以节省运费用或减少产品交付的等待时间，但却要花费购买过程中的位置移动成本。消费者通过配送过程获取商品可以为其带来便利性，但却会增加等待时间和运输成本。对于线上线下融合的全渠道模式来说，消费者获取信息的渠道既可以在实体店获取商品信息，也可以在线上获取商品信息；从商品的获取方式看，消费者既可以直接前往实体店获取商品，也可以通过物流配送的方式获取商品。

7.2 全渠道模式下的农产品供应链重组

传统渠道是电商渠道的载体、互动以及体验平台，电商渠道是传统渠道的拓展、有益补充以及未来发展趋势。为了使消费者在实体渠道、电商渠道、移动电商渠道中获得无差异的购物体验，需要对农产品供应链进行优化重组。全渠道模式下的农产品供应链重组分为客户需求整合、物流运营模式创新、信息协同三方面。

7.2.1 客户需求整合

从客户需求的角度整合农产品供应链的前端。农产品的需求具有即时性，农产品的零售终端包括农贸市场、连锁超市、生鲜超市等多种形式，同时还包括线上交易。为此，消费者更容易根据其在农产品购买过程的不同阶段的需求做出无规律的选择和转换。对于全渠道的消费者来说，他们想要的店内体验与传统零售店的顾客不同。由于消费者在农产品购买决策的信息搜寻过程中接触的数字渠道越来越多，许多消费者在访问实体店之前会进行在线访问。当他们进入实体店时，他们准备得更充分，他们知道自己想看的产品以及期望的价格，即使期望价格不同于店内价格。为此，对于全渠道模式下的农产品供应链来说，应整合前端客户需求。重点是为农产品消费者提供一个整合的服务平台，设计一致性的服务标准，使每一个顾客接触点都能够提供最优质的服务。反之，如果不同渠道的服务标准或顾客服务感知差距较大，顾客很可能会集中回到某一个渠道中，如此其他渠道就会形同虚设，难以实现全渠道农产品供应链提升顾客体验的目的。同时，每个顾客接触点都应能够跨渠道地提供不同接触点之间的无缝、快捷地转换，特别是农产品购买的线上线下渠道的无缝对接，以匹配客户的需求和偏好，减少消费者在农产品购买旅程中的流失风险。

7.2.2 全渠道模式下的农产品物流运营模式创新

传统的农产品物流一般是由干线运输至区域农产品物流中心、批发市场、配送中心分仓、连锁超市，然后通过“最后一公里”配送或者自取方式进入农产品零售终端以及消费者手中。全渠道模式下的农产品物流以供应链各环节的信息系统整合为基础，应用大数据技术进行前端销售预测、供应链补货策略、库存分布策略的分析，以实现全渠道农产品供应链的智能高效配送。

7.2.2.1 共享多渠道库存

传统的农产品多渠道流通中的库存是独立库存，即每一类农产品流通渠道中的库存只满足该渠道中的消费者，不存在交叉，如图7-3所示的农产品多渠道流通中的库存模式。

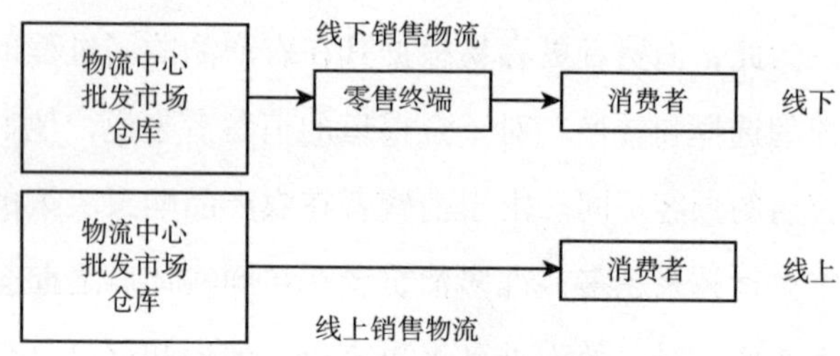

图7-3 多渠道库存模式

在全渠道农产品供应链运营体系之中，任何一个渠道的信息都应该实现实时和可视化的共享。当线上顾客有农产品需求的时候，如果此时物流中心没有库存，而其可调拨区域的末端实体店拥有库存，则由末端实体门店根据客户订单信息快速处理订单并实施物流配送，如图7-4所示的全渠道库存模式。全渠道模式下农产品供应链的库存共享需要有良好的线上线下协同能力，需要先进的信息系统和业务管理系统的支撑。

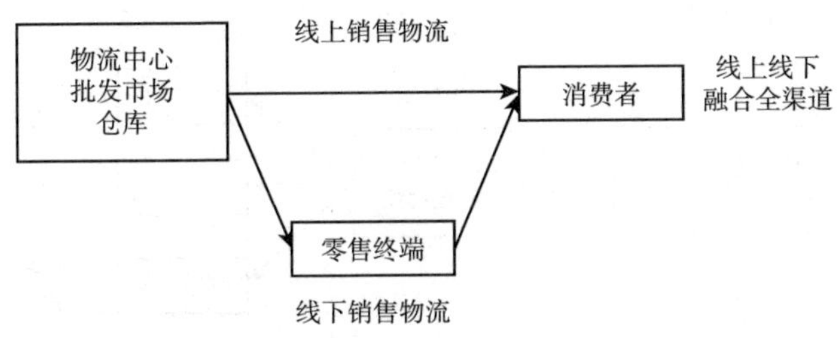

图7-4 全渠道库存模式

7.2.2.2 “最后一公里”整合

全渠道农产品供应链提供了多种“最后一公里”物流配送场景，顾客可以通过实体店、服务点自提或是物流配送上门的方式来获取商品。顾客在线上提交农产品购买订单后，要经历从出货、配送、是否门店分播、“最后一公里”配送等一系列流程，如图7-5所示的全渠道“最后一公里”物流场景。具体可能是以下几种场景：农产品仓库出货—快递配送上门；农产品仓库出货—快递配送—实体店送货上门；农产品仓库出货—快递配送—实体店顾客自提；农产品仓库出货—物流运输—实体店分拨—实体店送货上门；农产品仓库出货—物流运输—实体店分拨—实体店顾客自提；农产品仓库出货—物流运输—实体店不分拨—实体店送货上门；产品仓库出货—物流运输—实体店不分拨—实体店顾客自提；实体店出货—顾客自提；实体店出货—实体店送货上门[①]。由于实体门店距离消费者距离更近，为保证顾客体验水平，可将具有高频次、小批量需求特点的农产品存放于供应链末端的实体门店，以保证顾客取货的便利性或配送的时效性，以此来满足全渠道农产品供应链的主要需求；对于需求频次相对较低的农产品可集中存放于物流中心或配送中心，以快速的物流服务来响应满足顾客需求。

---

① 解码全渠道物流发展模式，9大配送场景哪种更符合未来？［EB/OL］. 搜狐网，http://www.sohu.com/a/74282290_184849，2016-05-09.

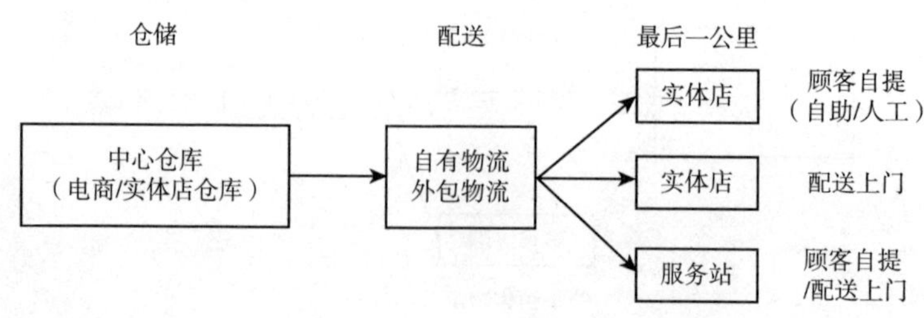

图7－5　全渠道“最后一公里”物流场景

7.2.3　全渠道信息协同

信息协同对于全渠道供应链来说至关重要。在全渠道农产品供应链中，消费者与企业之间的信息互动可以通过移动终端、电脑网页、社交媒体、实体店等多种形式实现。消费者通过以上形式获取商品信息；企业则需要对多种渠道的销售数据进行汇总分析，以便更好地预测和满足客户需求。在全渠道农产品供应链中应避免不同类型渠道之间的信息割裂，如果不同渠道间的信息相互独立无法共享，则无法实现客户的购买旅程和购买历史信息在不同类型渠道间的相互连通。如此，全渠道农产品供应链只是单纯地增加了渠道，并不能够为客户提供一致性、有别于独立渠道的购物体验，也不能够起到降低供应链库存的目的。只有信息的共享协同才能给客户带来更好的购买体验，全渠道农产品供应链才能实现更高效率，如图7－6所示的农产品全渠道信息协同。为了真正使客户在全渠道农产品供应链中获得更好的体验，应以互联网、大数据等技术为基础整合各渠道农产品销售数据，以实现不同渠道的信息有效共享和协同，实现客户在不同渠道中的服务体验能够无缝对接。

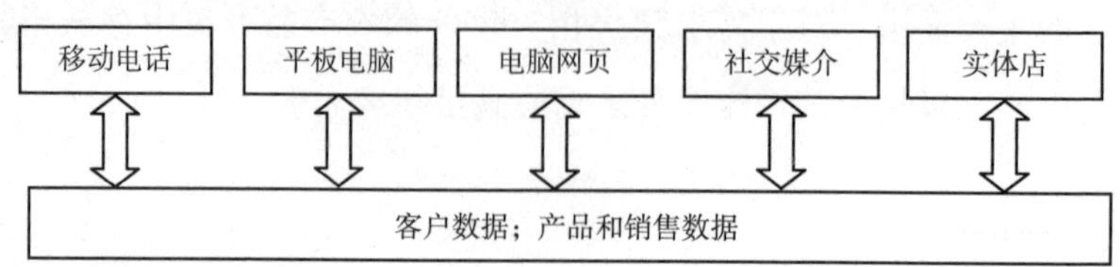

图7－6　农产品全渠道信息协同

7.3 农产品供应链的全渠道模式

全渠道农产品供应链是为了满足消费者在任何时间、任何地点、任何方式的农产品购买需求，整合农产品流通的实体渠道、电商渠道、移动电商渠道来销售农产品或服务，为消费者提供无差别的优质购物体验。在全渠道农产品供应链中，消费者可以选择自己认为最方便的方式在该公司下的任何类型渠道之间搜寻信息，进行购买决策，且实体渠道和电商渠道之间是无缝连接的。2018 年 10 月 31 日，沃尔玛、京东、京东到家、腾讯与《经济日报》联合发布了首个《中国零售商全渠道融合发展年度报告》，在该报告中提出了线上线下融合的三种典型模式，分别为基于供应链效率提升的融合、基于消费体验重构融合、基于即时消费的场景融合[①]。本书将其借鉴于农产品供应链的全渠道模式分析之中，认为农产品供应链主体可以采取以下方式构建全渠道农产品供应链。

7.3.1 基于农产品供应链效率提升的全渠道融合模式

基于供应链效率提升的全渠道融合模式主要是通过技术手段尤其是信息技术对农产品流通的不同链路进行连接和优化，以大数据和信息系统为基础整合顾客服务感知、智能指挥协同、精准客户服务等要素，使供应链变得更加透明化、柔性化和敏捷性，提升农产品供应链整体效率和精准服务水平。

【案例分析】

百果园

百果园是“水果专营连锁业态”的开拓者，是一家集水果源头采购、采后保鲜、物流仓储、品质分级、营销拓展、品牌运营、门店零售、信息科技、

---

① 《中国零售商全渠道融合发展年度报告》发布（附报告全文）［EB/OL］. 搜狐网，http://www.sohu.com/a/274167040_275750，2018 - 11 - 08.

金融资本、科研教育于一体的大型连锁企业。从2001年成立至今已经在全国40多个城市开设了3000家门店，并建立了10多个配送中心，与国内外200多个水果生产基地进行密切合作①。百果园虽然是起步于线下的连锁水果便利店，但其较早开始探索电子商务，较早实施线上线下融合战略。

百果园具有以下特点：一是经营数字化。百果园通过经营过程的数字化升级，构建了集App、小程序、第三方平台、实体门店网络等在内的全渠道农产品供应链，从时间、空间、场景多个维度持续满足消费者需求，促使消费者的购买旅程始终在百果园的全渠道体系内循环，并不断激发新的消费需求。百果园的小程序自从2017年8月份上线以来，百果园的小程序已经占其线上销售总额的15%左右，小程序用户数量已经突破了400万人，预计2018年小程序的销售额将达到4亿~5亿元。当前，百果园小程序已经与百果园的微信公众号、社群网络、第三方电商、百果园App、线下实体门店网络全方位融合，形成了一个流量和渠道转换的循环系统②。百果园的小程序和百果园App均支持线下实体门店的配送到家或顾客自提，顾客可以基于自身位置在百果园庞大的实体门店网络中任意选择距离其较近的门店进行自提，也可以选择配送到家服务，极大地提高了农产品供应链的运作效率。二是好产品加好渠道。为了保证产品品质，百果园成立了果品供应链管理公司，在复杂水果统一采购的同时，还会参与到供应商的生产环节。为加强产品质量控制，百果园会深度参与到水果种植基地的生产流程，从良种、标准、技术等方面加强质量管控，涉及水果定制、生产过程管理、采摘过程管理、采购管理等方面。在供应链上游，百果园已经在供应链上游布局了将近230个水果种植基地，在全国范围内建设了17个水果初加工及配送中心③。在渠道布局

① 百果园官网，http：//www. pagoda. com. cn/.

② 百果园小程序销售已占线上15% ［EB/OL］. 搜狐网，http：//www. sohu. com/a/238080549_100028979，2018-06-27.

③ 百果园已成水果新零售产业领跑者［EB/OL］. 搜狐网，http：//www. sohu. com/a/230736283_481376，2018-05-07.

上，百果园基于中国城市社区的特点设计了小店连锁经营模式，同时积极拓展App、无人售货网络、O2O平台等渠道，满足消费者对购买便利性和时效性的需求。三是前置仓模式。百果园通过店就是仓，仓即是店的经营模式降低了物流成本，同时提高了配送效率。百果园以线下实体门店为一级网络，辐射社区消费者，订单配送的辐射范围为门店周围1公里，由第三方物流服务商或者是实体门店服务员人员进行配送。如此解决了生鲜农产品配送中的“最后一公里”问题，既可以保证水果配送的时效性，又可以采用常温物流降低物流成本。四是全方位推进产业互联。2017年，百果园开始开发包括标准化种植平台、供应链管理平台、产品销售平台、市场营销服务平台、商品交易平台、金融服务平台和BI数据分析平台在内的七大平台，在智能化导购、人脸识别、便捷支付等新技术领域进行试点和探索，意在标准化种植、商品交易、供应链、市场营销、金融服务等方面实现产业互联①。通过产业互联真正发挥数据价值，促进行业的智能化发展和供应链效率的提升。

7.3.2 基于消费体验重塑的全渠道融合模式

基于消费体验重塑的全渠道融合模式即以提升顾客的体验水平为核心推进农产品供应链的线上线下融合。主要实现方式有两种：一种是现有实体门店的数字化升级，如应用小程序、会员卡、社交圈等方式全方位链接顾客、获取顾客数据沉淀、提升顾客黏性和体验水平；另一种是运用新技术和跨界融合打造多种业态有机融合的农产品全渠道新业态。

【案例分析】

盒马鲜生

盒马作为国内新零售的主要代表，以提升消费者的生活品质和价值为目标，围绕消费者的生活服务，打造了线上线下融合、强调网络互动和多样性

① 百果园已成水果新零售产业领跑者［EB/OL］. 搜狐网，http：//www. sohu. com/a/230736283_481376，2018－05－07.

服务场景的农产品全渠道供应链模式。为克服单一电商渠道带来的消费体验问题，盒马设计了线上电商和线下体验店深度融合的模式。

盒马的全渠道融合模式具有以下特点：一是前店后仓的模式实现农产品高效配送。盒马的线上线下渠道深度融合、优势互补，其中线上的商品销售比重约占一半。以盒马超市为中心，盒马可以实现下单后3公里内30分钟送达，既可以实现电商的便利性又能够满足消费者对农产品的即时性需求。同时，3公里之内的物流配送可以用常温代替冷链物流，在保证农产品品质的前提下实现物流成本可控。二是用户在线下实体店的良好体验有利于线上引流。盒马打通了线上和线下渠道，实现了全渠道交易及营销，消费者可以自主动态选择多种交易方式，提高了其购买的便利性。消费者可以在线下实体店直接购买；可以先在线下实体店体验后线上下单，由实体门店进行配送；可以在农产品购买中进行线下线上智能拼单。这种线上线下融合的交易方式，有利于解决农产品电商交易过程中的信任问题，可以增强消费者对线上购买的信任程度。三是农产品全渠道供应链采购协同实现质优价廉。为保证农产品质量，盒马推出了“日日鲜”品牌，从国内外优质农产品供应基地直接采购农产品，由于减少了中间环节，可以在保证农产品新鲜程度的前提下降低价格。同时，盒马的部分海鲜和水果与天猫超市相同，其采购由天猫的海外采购团队来完成，实现了全渠道采购协同①。为保证新鲜程度，盒马所销售的大部分商品均为小包装，设计为一顿饭的用量。四是多场景融合的商业生态系统全方位提升顾客的体验水平。基于品质化生活理念，盒马围绕“吃”的主题设计了包括超市、电商、餐饮、互动在内的多样化的服务场景。顾客在购买农产品或半成品食材后可以选择进行店内加工，由店内厨师加工后直接食用；如果顾客喜欢加工后的食品，则可以在盒马超市内买到加工该食品所需的各种调料，然后回家自己进行制作，盒马会在其App

① 新零售战场之——生鲜之战［EB/OL］. 搜狐网，http：//www.sohu.com/a/243816282_332185，2018-07-28.

中提供相应的制作过程视频，让顾客体验到做菜的乐趣。五是消费数据分析驱动全渠道供应链创新。基于农产品线上线下销售数据的汇总，应用大数据技术进行深入分析，挖掘和理解消费者的具体诉求，动态调整线上线下的农产品品类，并以前端的销售数据分析结果驱动供应链后端的农产品生产环节。

7.3.3 基于即时消费的全渠道场景融合模式

基于即时消费的全渠道场景融合模式即通过线下实体门店的线上化升级+云仓储，通过即时配送扩大实体门店的覆盖范围，触达更多的消费者。农产品是典型的高频生活消费品，即时配送可以满足消费者对农产品的便捷性、即时性消费需求，为其带来方便快捷的购买体验。

【案例分析】

京东到家+永辉

永辉超市较早地整合了线下线上服务，在打造包括永辉生活App、微信商城、小程序等在内的自有线上平台外，与京东到家的合作是全渠道场景融合的典型模式之一。2015年，永辉与京东到家开展战略合作，两企业通过协同合作、发挥各自优势，取得了双赢的效果。目前，永辉是京东到家平台中门店入驻数量最多、入驻速度最快的连锁超市之一，目前京东到家平台中的永辉门店数量已经达到474家。京东到家帮助入驻平台的永辉门店实现O2O到家服务，消费者只需在京东到家平台中的永辉门店下单，就能够享受京东到家的“1小时送货上门”服务。京东到家的超过4000万注册用户以及京东App上的2.4亿活跃用户带来了充沛的流量资源，可以很好地弥补包括永辉超市在内的传统商超在线上拓展时所面临的流量难题。

永辉与京东到家的合作具有以下特点：一是基于线上线下融合的战略设计为全渠道服务场景提供了保障。永辉超市密集的店面布局缩短了农产品末端配送距离，有利于在低成本物流的基础上提升农产品配送的时效性，为线上线下全场景服务提供了基础。由于永辉超市线下实体门店密度较大，使得基于门店的农产品配送相比传统的B2C农产品电商拥有更高的配送效率，基本可以实现半小时送达，由此满足消费者对农产品即时消费的需求。二是通过与京东到家平台的合作实现了线下实体门店的“数字化升级”，实现了线下实体门店的农产品及服务在服务时间和空间上的延伸，可以满足消费者对农产品的线上购买需求。由于农产品消费的高频次特点，通过对线下实体顾客进行线上引流，培育消费习惯后，使顾客成为永辉的全渠道消费者，使顾客接触到线上更多的农产品品类。三是通过线上线下的深度融合，可以更有效地挖掘顾客的农产品消费需求，提高永辉的顾客渗透率和顾客黏性，进而增加线下实体门店的经营效益①。通过线上线下全方位的顾客数据汇集和分析，以及应用京东到家提供的顾客管理工具，永辉实现了把生鲜超市门店开到了顾客的手机上，可以更好地实现与顾客的互动和线上营销。

当前，京东到家已经与国内多家商超企业达成战略合作。基于京东自有物流体系的优势，以及依托共享经济理念下的“众包物流”，为消费者提供农产品及连锁超市商品的配送，并实现快速送达，成为线下商超打造全渠道服务的重要合作伙伴，表7-2列示了部分京东到家服务的涉及农产品销售的商超合作伙伴。

表7-2　京东到家服务涉及的农产品销售的商超合作伙伴

序号	类　别	企业名称
1	生鲜连锁超市	百果园
		上蔬永辉
		天天果园
		妙生活
		鲜丰水果

① 永辉京东到家联手抢占线上商超市场 合作门店达356家［EB/OL］. 北京商报网，http://www.bbtnews.com.cn/2017/1215/222568.shtml，2017-12-15.

续表

序号	类　别	企业名称
2	综合超市	沃尔玛
		永辉
		华润万家
		中百仓储
		京客隆
		世纪联华
		中商平价
		人人乐
		百佳
		步步高

注：时间点为2018年11月22日，只列出部分企业，并未全部列出。
资料来源：根据京东到家官网整理。

第8章 基于农民合作社的农产品供应链创新

农产品供应链是农产品流通发展的趋势，在我国小农户、大市场的农业发展背景下，供应链的市场特性需要农民合作社的参与。农民合作社提升了农户生产经营的组织化程度，有利于提升小农户在供应链中的谈判地位；有利于提升农产品供应链效率，增加农民收益；有利于农产品供应链建立秩序以及形成规范；有利于建立与其他农产品供应链主体间的连接。本章将深入分析基于农民合作社的农产品供应链模式创新、基于农民合作社的农产品供应链源头质量控制以及农民合作社的治理问题。

8.1 基于农民合作社的农产品供应链模式创新

农产品流通联结鲜活农产品生产与消费，以千家万户农民卖菜为起点，以千家万户市民买菜为终点，一头连着农民，另一头连着市民。但近年来，“菜贱伤农”和“菜贵伤民”的现象屡屡上演。“买难卖难”和“贱卖贵买”并存是当前鲜活农产品流通的典型特点。造成上述现象的原因主要基于以下几方面：第一，农民生产的分散性和无组织性。一家一户的分散生产经营，使得农产品生产不统一、不规范，质量不稳定，很难与市场对接；同时缺乏组织性以及对市场动态的了解，致使其在通过中间商销售的过程中市场交涉能力差，难以保护自己的利益。第二，鲜活农产品流通中间环节多，流通成本过高。目前我国农产品的流通仍然主要是在三级市场体系下进行，即产地批发市场、销地批发市场、零售农贸市场。连接农产品消费市场与农户之间的环节过多，不仅小商小贩普遍存在，而且在农民与农产品市场之间的中间商也非常多，种植户的产品大多数通过各自为营的中间商进入批发市场和超市。这种流通体系中规模不一的流通主体的大量存在，很容易造成各流通环节增多，管理混乱，农产品质量不统一，流通效率低，流通成本过高等问题。第三，供应链衔接不畅，信息沟通受阻。探究“菜贱伤农”的原因，主要是因为流通环节信息不畅，农民无法得到及时、真实的市场信息，盲目种植是其主要原因之一。这种自发性的市场带来的必然结果就是大起大落，以破坏性调节实现平衡，从而导致农产品价格演绎“过山车”行情。中国目前农产品供应链上的信息流往往是断裂的，并且由于组织间合作的临时性，信任与支持也无从谈起，物流交易具有较高的随机性。基于此，构建高效的市场主体，减少鲜活农产品的流通环节和信息不对称就成了解决上述问题的关键。农民合作社作为农户自发结成的互助性经济组织，一头连着农户，另一头连着市场，在整合农民力量、对接市场需求及保护农民利益方面具有天然优势。发挥农民专业合作社在鲜活农产品流通中的市场主体作用对于化解小生产、贵流通与大市场之间的矛盾，促进农村经济乃至国民经济发展具有重要意义。

8.1.1 农民合作社在农产品流通体系中的重要性

农民合作社是在农村家庭承包经营的基础上，同类农产品的生产经营者或者同类农业生产经营服务的提供者、利用者，自愿联合、民主管理的互助性经济组织。从农民合作社的定义可以看出，农民合作社本身具有经济属性和互助属性。国际合作经济界在此方面也达成共识，认为合作社兼具企业和共同体性质（徐旭初，2012）。它说明合作社具有商业组织特性，同时也强调了民主控制和经济参与对于合作社的重要性。合作社的产生和发展是制度变迁的结果，农民加入合作社可以获得潜在收益。第一，农民合作社通过组织农民生产可以实现规模经济效益。农民合作社可以通过对生产投入品的统一采购和组织标准化生产降低生产成本；通过统一收购、统一贮藏、统一加工等方式，降低农产品的产后损耗；通过品牌打造实现农产品差异化和溢价。第二，农民合作社可以提高农户在产业链博弈和市场价格谈判中的地位。在农业产业链中，农户大多处于弱势方地位，小农户的利益容易被市场强势方所剥夺。农民合作社通过提高价格谈判能力，在保障农户的公平收益方面将发挥重要作用。第三，农民合作社可以降低农户的交易成本和市场风险。家庭承包经营确定了我国以农户家庭为基本经营单位的农业生产方式，但“小农户与大市场”的矛盾使得“菜贱伤农”“菜贵伤民”“订单农业履约难”问题不断出现，农民面临着较高程度的信息不对称和较大的市场风险。一方面，农民合作社是介于市场交易和科层制之间的一种混合治理结构，有助于降低农户与交易主体间的信息不对称水平，从而降低交易成本；另一方面，农民合作社是连接小农户与大市场的重要中介，在促进产销衔接、提高农产品交易稳定性方面可以发挥重要作用，从而降低市场风险、增加农民收益。

农民专业合作社是纵向一体化的一种形式，生产者通过共同拥有资产权成为拍卖制度的主要受益者。农民专业合作社通过提高农民的组织化与市场化程度，可以有效解决农业生产经营过程中小生产与大市场的矛盾，可以有效推动农业劳动生产率和农民收入水平的提高。2007 年 7 月 1 日，我国正式实施了《中华人民共和国农民专业合作社法》，有效解决了我国农业发展长期存在的农民组织化程度低的问题，对于帮助农民纳入农业产业化体系有重要意义；2017 年 7 月 1 日，新修订的《中华人民共和国农民专业合作社法》开始实施，为新的农业发展环境下规范农民合作社的发展提供了法律保障，进一步促进了农民合作社的发展。农民合作社作为农业产业链中的重要组织形式在农产品供应链体系创新中将发挥重要作用。

8.1.1.1 平衡鲜活农产品供应链利益分配

农民是大多数农产品的生产者，也是农产品流通的主要参与者。农民增收的状况，很大程度上取决于农民与农业产业链其他利益主体间的力量对比，进而影响农业产业链不同环节之间的利益分配状况。我国农户经营规模小而且分散，属于典型的东亚模式。对于大多数小农户来讲，当他们单独进入市场进行交易时，大多处于市场权力中的弱势地位，而且获取信息的成本高昂。以蔬菜为例，“菜贱伤农，蔬菜丰产却不丰收”的现象不断出现，“种菜的永远赶不上倒菜的”，其主要原因就在于分散的农民缺乏参与市场竞争所必需的信息资源和组织资源。在农产品流通中，定价权往往被掌握在中间商手中，农民经常处于利益分配的弱势地位。解决的办法是在销售环节获取规模效应，通过发展农民专业合作社、农产品行业协会等方式，将农业生产环节组织起来，使生产者群体能够在产品的价格以及销售条件上增强谈判力量，在寡头垄断市场甚至是垄断市场建立起制衡机制，使鲜活农产品流通过程中的利益分配向着有利于农民增收的方向调整。发达国家的成功经验告诉我们，只有农民组织化程度的提高以及合作组织实力的增强，或者引入新的权利结构倾斜方增加竞争力度，实现流通各环节的相互制衡，才能改变现有权利结构过度倾斜、利益分配不公的状况。

8.1.1.2 解决农产品供应链中的信息不对称

目前，我国农产品的生产大部分由众多小规模分散的农户来完成，由生产者到消费者的供给信息及由消费者到生产者的需求信息都存在着信息不对称的问题。“一家一户”的分散生产，信息不对称导致农产品产销脱节、价格波动，也给鲜活农产品质量的可追踪性带来了难度。对于农产品供应链而言，由于供应链各个阶段对其下游需求期望的差异将会导致“牛鞭效应”的产生，使供应链之间的需求信息传递被扭曲，这更容易导致处于市场竞争中弱势地位的个体农民无法获得准确的需求信息，进而遭受利益上的损失。农民专业合作社可以成为农产品市场信息的发布主体和接受主体，规避以小而散的农户作为信息接收主体引发的市场同步放大或收缩问题。农民专业合作社是农民在自愿的基础上组成的经济组织，成员即是农产品的养殖和种植者，农产品的基础货源完全由合作社掌握，合作社也可以根据市场需求，指导农民养殖和种植特定的农产品。同时依靠组织的力量，农民专业合作社可以通过多种方式获取市场需求信息。这样就可以有效地解决信息不对称问题，增强买卖市场的透明度。

8.1.1.3 有利于鲜活农产品营销和品牌建设

个体农户在农产品市场营销和品牌建设中会显得力量不足。农民专业合作社可以发挥在鲜活农产品营销中的主体作用。目前，我国现有各种农民专业合作社大多以某个产品或特定产业为依托而组建，开展供种供料、技术推广、标准化生产、产品销售等服务。农民合作社可以依靠其市场参与能力做好市场营销工作，加大产品宣传力度；同时利用其落实国家惠农政策的职能，更好地利用社会资源，把自己的农产品打出市场。农民专业合作社是农产品品牌建设的主体。品牌是合作社文化的集中体现，其导向、约束、凝聚、激励和辐射功能可以成为维系合作社持续发展的动力。通过创立地方品牌，树立产地竞争优势，可以提高合作社的知名度，从而推动鲜活农产品的供销。农产品品牌有利于建立稳定的消费者群体，形成巩固的市场，从而能够切实地提高农户的收入。

8.1.1.4 实行标准化生产和提升农产品质量

农业标准化是发展现代农业的一项重要内容。个体农户生产出的农产品质量存在差异，这就给零售商或中间商向不同农户集中大规模采购带来了困难。而以超市为代表的大型采购主体是基于自我的经营理念和采购标准来选择合作伙伴，不会因为其交易对象的性质不同而改变，对农产品采购的要求是稳定、安全、高质、标准化，以适应多元化的顾客需求、标准的物流体系和强大的门店网络。农民专业合作社可以有组织地带领农民开展生产经营，推广农业科学技术，执行国家和行业相关标准规范。因此，农民专业合作社可以在保证农产品质量方面发挥重要作用，可以组织生产者与消费者的沟通和交流，提高农产品质量改进的针对性；可以引导农民大力发展无公害农产品、绿色农产品和有机产品；可以成为农产品质量追溯体系的重要环节。

8.1.2 基于农民专业合作社的农产品供应链模式创新

根据制度变迁的“成本—效益”分析，当预期收益超过预期成本时，就会产生制度创新的动力源泉。在戴维斯·诺斯模型中，把潜在利润的来源归纳为四种情况，即规模经济带来的利润、外部经济内部化带来的利润、克服对风险的厌恶而带来的利润、转移和降低交易费用而带来的利润。基于农民专业合作社的农产品供应链体系创新是一种流通组织形式创新，是农村商品经济发展的产物，从成本—效益分析的观点看，是潜在利润诱致形成的。基于农民专业合作社的鲜活农产品流通体系构建应实现下列目标：第一，满足市场供应，促进鲜活农产品供求平衡；第二，平衡生产者、流通者和消费者的利益关系，促进鲜活农产品产销对接；第三，稳定鲜活农产品价格，减少市场供求和价格的波动，平稳产销运行。基于农民专业合作社的农产品供应链模式创新可以有以下几种形式：农民专业合作社的直销模式、农民专业合作社与零售商对接模式、农民专业合作社与龙头企业对接模式。

8.1.2.1 农民专业合作社的直销模式

基于传统的批发市场的鲜活农产品流通模式存在流通环节多、运距长、损耗大、成本高等问题，进而造成“卖菜难、买菜贵”问题的集中涌现。基于农民专业合作社的鲜活农产品直销模式的产生基于以下原因：第一，稳定市场物价，减少鲜活农产品市场价格波动。鲜活农产品一般都属于生活必需品，如蔬菜、水果和猪肉，因此具有较低的需求价格弹性，消费者对农产品的价格敏感度很高，农产品市场价格的风吹草动直接影响着广大人民群众的日常生活，近些年来出现的“蒜你狠”“豆你玩”现象就是很好的例证，究其原因主要是农产品流通体系不完善、农业产业链扭曲以及信息不对称造成的。鲜活农产品的直销模式可以减少流通环节，缩短农产品供应链，使鲜活农产品以最短的运输时间、最少的流通环节、最实惠的价格从产地直供到社区百姓餐桌。第二，实现农产品产销对接，使农民得实惠。农民专业合作社相比个体农民在资金、信息、政府支持上具有较大优势，也因此可以更好地对接消费者需求。基于农民专业合作社的鲜活农产品直供直销可以将增加农产品销量，让农民得到实惠。第三，满足消费者多元化需求。随着经济社会的发展，消费者对农产品的定位发生了变化，往往不再局限于基本的生活必需品，对其中的附加价值提出了更高的要求，对农产品消费出现了品牌倾向。例如，大部分消费者对食品安全、食品品质提出了更高的要求，有机蔬菜的供应则可以很好地满足这一需求。面对上述情形，传统的农产品流通模式显示出了不足，而鲜活农产品直销模式在满足消费者多元化和个性化需求上具有较大优势，直销模式可以更好地对接需求而实现鲜活农产品定制生产，由于流通环节少而保持较高的新鲜程度，更加有利于鲜活农产品的质量追踪。第四，政府政策的大力支持。中央及地方政府相继出台相关政策推进创新鲜活农产品流通模式，提高流通组织化程度，完善流通链条和市场布局，进一步减少流通环节，降低流通成本，建立完善高效、畅通、安全、有序的鲜活农产品流通体系，同时支持农民专业合作社在社区菜市场直供直销。基于农民专业合作社的农产品直销模式，具体如图 8－1 所示。

（1）直销店模式。直销店模式是指在农民专业合作社或地方农协等的推动下，农户以鲜活农产品直销店的名义与城市的农贸市场或大型商场合作，通过收取手续费等形式在大型超市、农贸市场或零售店中经营；或是农民专业合作社在产地或销售地直接建立鲜活农产品品牌直销店，如一村一品专卖店。直销店模式按产销地划分可以分为产地直销店和销售地直销店；按直销

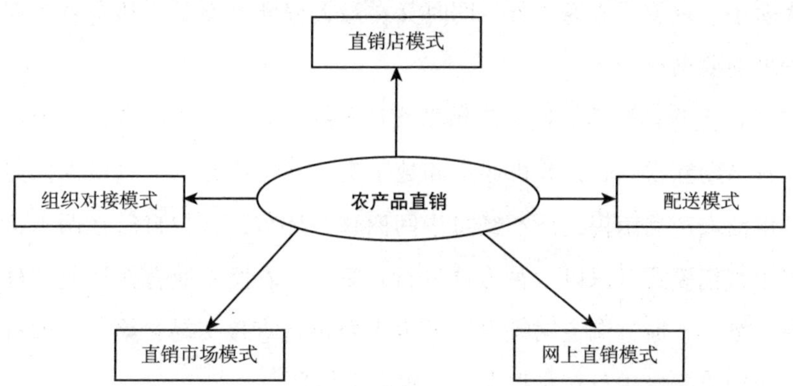

图8-1 基于农民专业合作社的鲜活农产品直销模式

店的存在形式划分可以分为品牌直销店和零售店中店。

（2）直销市场模式。直销市场是在靠近农产品的产地的城市近郊或城乡接合部建立的自选式直销市场。在直销市场中，农户将自己生产并简单清洗、包装后的蔬菜、水果、花卉、禽蛋、肉类、水产等鲜活农产品，按照农户确定的价格交付市场代销，市场从实际销售额中扣减一定比例费用维持运营，实现持续经营。直销市场的类型大致分为都市近郊型、纯农村型以及在两者之间的特色直销市场。

（3）组织对接模式。鲜活农产品直销的组织对接模式是指生产者团体与消费者团体的直接交易或利用公共设施或通过公共机构的推荐进行的直接交易。农民专业合作社可以是生产者团体的代表。消费者团体可以分为正式消费团体和非正式消费团体，正式消费团体是企业或学校等具有一定结构、同一目标和特定功能的消费团体；非正式团体是指根据消费者喜好自发组织的消费团体。我们常说的“农消对接”“农企对接”就是与正式消费者团体的对接；而现代城市中出现的一些农产品消费者联盟就是非正式消费团体，如“大连自然食品消费者联盟”是大连市一个消费者自发组成的合作组织，以消费者联盟形式从基地和农户手中采购包括有机食品在内的无公害果菜、肉禽等。

（4）配送模式。配送模式是指由市区居民直接订购，郊区产地在一定时间内将鲜活农产品送到社区，这种新兴的配送模式，绕过了进场费较高的超市、大卖场，减少了流通环节，同时又在最大程度上满足了消费者对农产品新鲜程度的要求。

（5）网上直销模式。网上直销模式是指鲜活农产品生产者自己或农民专业合作社借助互联网、计算机通信和数字交互式媒体在网上直接面向终端客户进行鲜活农产品销售，而不经过中间商这一环节，客户自己在网上进行订购。网上直销模式可以以三种方式进行：第一，农民专业合作社直接建立直销网站；第二，通过淘宝网等电子商务平台进行直接交易；第三，通过农业信息网等网络平台进行信息发布，了解需求信息。

8.1.2.2 农民专业合作社与零售商对接模式

农民专业合作社与零售商对接是一种类似于一体化的供应链管理行为。制度经济学研究表明农产品通过市场交易风险大、容易产生价格波动、供需不平衡，且安全性难以保证。农民专业合作社与零售商的对接是以鲜活农产品为媒介，以合作社、零售商为实施主体，基于鲜活农产品供应链流程上双方行为的实施以及相互关系来实现。合作社通过向零售商供货，能够获得稳定的收益和持续发展的空间。零售商直接从产地采购，在获得稳定货源的同时能够获得渠道优化收益，降低采购成本，保证产品的质量和安全。农民专业合作社与零售商的对接可以采用以下模式：

（1）农超对接模式。

农超对接模式是国外普遍采用的一种农产品生产销售模式，目前，亚太地区农产品经超市销售的比重达70%以上，美国达80%，而中国只有15%左右。[①] 农超对接既可以是超市直接到农村采购农产品，也可以是农民把他们的农产品送进超市。目前，我国农民大多组织化程度较低，分散的小规模农户很难同超市直接对接。即使超市同意向农户采购，由于超市的强势以及农民销售渠道经验的缺失，农户也很难获得产品定价权及质量控制权。农民专

① 支付宝打通农超对接最后一公里［EB/OL］．搜狐网，2018－04－16.

业合作社在连接农民与对接超市方面均具有优势。农民专业合作社不仅可以克服个体农户供货量不足的缺点，提升同超市的交涉能力，节约交易成本；还可以管理生产过程，提高农产品的品质和安全性。

由于我国农业合作社还处于起步阶段，并非所有的合作社均具备直接为超市供货的能力，而且实现直供后，合作社的参与程度往往也受到超市制约。由于超市在供应链上处于谈判的强势地位，有能力构建供应链并选择供应商。合作社虽具有一定的谈判实力，但仍处于弱势的被选择的地位，只能作为"用脚投票"选择进入和退出供应链。因此，在合作社对接意愿判定的前提下，能够满足超市供应商选择的标准，是合作社实现"农超对接"、融入市场的关键要素。另外，"农超对接"并不仅限于实现合作关系，大宗的可持续交易才是最终目标。因为业务量的扩大可以降低专用性资产的单位分摊成本，能够为彼此带来更大的收益。例如，内蒙古某马铃薯专业合作社与超市进行"农超对接"，超市方面提高了10%～15%的采购价格，但两年来农民专业合作社却没有实现盈利，问题就在于他们送到超市的马铃薯的达标率只有40%。①

基于此，基于农民专业合作社的"农超对接"模式还需要在以下几方面进行提升：第一，要建立长期合作意识。从国际经验来看，大型零售商对农产品供应链的主导作用不断增强，已经成为趋势。作为农民专业合作社要谋求与超市建立长期稳定的合作关系，获得超市这个大而且需求稳定的市场。第二，提高组织化程度。目前我国很多农民专业合作社的规模还很小，难以应对超市大批量和周年均衡采购需求。因此，可以根据需要成立某些地域范围内的合作联社，或成立跨区域的以某种产品为纽带的专业合作联社。第三，加强自身管理。农民专业合作社要努力克服"重技术、轻管理"的弊病，提高对经营管理和质量管理的重视程度，增强可持续发展能力，同时应加强农产品及合作社的品牌建设，不断拓宽新的市场渠道，扩大市场需求。

---

① 胡定寰．胡定寰：迎接农超对接的机遇和挑战［J］．中国合作经济，2010（6）：37－38.

（2）农民专业合作社与社区零售店对接模式。

社区鲜活农产品零售店是指位于居民社区内的专营某大类生鲜农产品的零售店，以社区菜店为主要存在形式。社区菜店具有以下特点：第一，方便百姓生活。社区菜店一般位于居民社区内，社区菜店距离百姓的生活圈最近，可以最大限度地为消费者选购蔬菜提供方便，是农贸市场和连锁超市的有益补充。第二，价格便宜且新鲜程度高。社区菜店由于专营蔬菜，在一定程度上具有规模优势，与农贸市场上的菜摊相比，其销售品种更多，价格更便宜，同时由于流动性较强，具有较高的新鲜程度。社区菜店目前以个人或家庭单独经营为主，未来可以发展成为由农产品流通龙头企业为主导，以龙头企业自营或加盟为形式的连锁化形式。农民专业合作社与社区零售菜店直接对接，不仅可以减少蔬菜的流通环节，降低流通成本，更重要的是拓宽了蔬菜的销售渠道，除了经批发市场或超市销售外，社区菜店也将成为农产品稳定的需求来源。与超市相比，社区菜店对蔬菜的标准化要求相对较低；与农贸市场相比，社区菜店对蔬菜数量的需求较大，且需要的品种较多。这样既增强了农民专业合作社在蔬菜供给中的议价能力，又克服了由于过高的标准化要求而带来的损失。对于社区菜店经营者来说，农民专业合作社直接供货既可以减少去批发市场采购的麻烦，还可以更好地追溯蔬菜的质量，同时由于是直供，供货价格也会较批发市场有一定的优势。随着城市社区菜店网络布局的不断完善，社区菜店将成为蔬菜重要的销售渠道之一，“农民—农民专业合作社—社区菜店”的流通形式不仅有助于发展农民专业合作社增加农民收入，同时可以在一定程度上解决城市居民“买菜难、买菜贵”的问题，方便城市消费者。

8.1.2.3 农民专业合作社与龙头企业对接模式

农民专业合作社对接龙头企业的模式一般由龙头企业牵头发起，农民专业合作社在龙头企业和农户之间发挥桥梁与纽带作用。此种模式要求农民专业合作社打破小农生产自我封闭的桎梏，大胆引进龙头企业领办合作社。一般而言，农产品供应链参与者众多，影响因素复杂多变。在增进其整体效率和效益的过程中，农产品供应链的参与者之间面临的共同利益是“如何做大蛋糕”。龙头企业是农业产业化的关键，一般具有较大的规模和较好的声誉，作为一体化经营的组织者和带动者，龙头企业具有组织协调整个农产品供应链物流运作的能力，既是生产加工中心，又是信息中心和服务中心，具有开拓市场、深化加工和提供全程服务的功能，农产品供应链的整体效率一定程度上决定于龙头企业的生产经营效果。在鲜活农产品买方市场的条件下，龙头企业带领农民建立专业合作社，有利于帮助农民建立起稳定的农产品营销渠道，快速提升农产品质量。

对于农业龙头企业来说，通过与农民专业合作社合作，可以以较少的投入获得稳定的原料供应基地，这往往比自行投资建立新生产基地所需成本要小得多。个体农户无论在农产品种类还是数量上都无法满足企业生产的需要，农民通过合作社进行组织，与龙头企业签订收购合同，既获得了稳定的市场需求，避免了市场价格起伏的风险，也保证了与企业平等交易的平衡。龙头企业获得了加工原料的供应保证，维持了生产活动的稳定性，同时也可以在资金技术和生产资料等方面为合作社内农户提供支持。在龙头企业与农民的关系上，一般是由农民专业合作社与龙头企业通过契约来规定双方权利和义务。随着信息技术的发展和产业分工协作关系的深化，多数农产品的供应链已经从线性的单链转化为非线性的网链，龙头企业在促进供应链协调、整合中，以及流通体系优化中的重要性更加凸显。从发展看，我国农村将长期保持少量龙头企业同大量小规模兼业农户并存的构成格局，按照现代供应链管理的理念，发展农民专业合作社与龙头企业对接的鲜活流通模式对于促进农业产业化和增加农民收益等方面都具有重要意义。

8.2 基于农民合作社的农产品供应链源头质量控制

保障农产品质量安全，最关键的是做好源头治理，即通过规范农户的生产行为达到生产安全农产品的目的。当前农业的小规模分散经营形式给农产品质量管理带来了较大困难，农户由于利益驱动，容易发生机会主义行为和败德行为。建立一个能够有效管理和控制农户行为的组织载体将成为解决问题的关键，提高农户组织化程度能够有效从生产源头上提升农产品质量水平。农民合作社是农户自发结成的互助性经济组织，是一种介于市场交易和垂直一体化之间的垂直协作形式，在组织农民、获取农民信任、约束农户自律、监督农户生产方面具有天然优势。通过农民合作社提高农民的生产组织化程度，加强对农产品生产源头的组织和治理，是破解农产品质量安全难题的一条现实路径。农民合作社对农产品质量安全的控制源于其对农产品生产决策权的重新配置。农户加入合作社后必须在一定程度上让渡其生产决策权，尤其是对农产品质量有重要影响的化肥和农药采购权、化肥和农药施用权、采收时间决策权等。可以说，农户家庭分散的生产决策权向合作社集中是保障农产品质量安全的重要制度安排。

8.2.1 农民合作社对农产品质量控制的有效性

我国大量分散农户的小规模经营是农产品质量安全问题产生的重要制度因素。质量信息不对称以及农产品的优质优价尚未完全实现致使农户在农产品“数量”和“质量”之间选择了前者。“理性小农”在利益的驱动下为确保产量经常会超量使用农药或化肥，有时甚至会违规使用国家禁止使用的农药或化肥，从而造成农产品质量安全的巨大隐患。农民合作社是在市场经济条件下处于弱势群体的农民的联合性组织，是连接个体农户与企业或市场的重要中介。农民合作社主要通过以下三方面机制实现对农产品质量的有效控制。

8.2.1.1 农产品生产决策权的重新配置

一般情况下，农户家庭生产会弱化对农产品质量控制的动机。由于农产品具有“信任品”属性，即农户与消费者之间存在很强的信息不对称，消费者即使在消费之后也难以确定农产品的真实质量。即使消费者发现农产品存在质量问题，由于农产品之间的近似同质性及农户生产的分散性，消费者也很难溯源到问题农产品的生产者，由此刺激了农户实施机会主义行为的动机。加之现阶段农产品质量检验检测体系在技术装备、机构覆盖等方面均存在不完善之处，使问题农产品容易逃过惩罚进入市场，降低了农户的违规风险和成本。现实中，农户违规使用国家禁用的农药、无视农药休药期的行为屡见不鲜，在部分地区甚至成为普遍现象。一般来说，农户不愿意接受来自外界的对其生产要素进行重新配置的安排，但农户出于利益考虑加入合作社后，必须在一定程度上让渡其生产决策权，尤其是对农产品质量有重要影响的化肥和农药采购权、化肥和农药施用权、采收时间决策权等。农户家庭分散的生产决策权向合作社集中是保障农产品质量安全的重要制度安排（蔡荣，2013）。第一，农民合作社通过对农产品生产投入品的统一采购，不仅有利于控制农产品质量安全隐患的源头，也有利于农产品的标准化生产；第二，农民合作社通过对农户进行相应的技术指导、建立专业化的生产基地、引入质量可追溯体系等方式可以规范和约束农户的生产行为；第三，农民合作社通过统一收购、统一贮藏、统一加工等方式，可以降低农产品的产后损耗，保障农产品的品质。

8.2.1.2 规模经济效益带来的质量溢价激励

农产品质量水平不高的内在原因在于缺乏对农户提高质量水平的激励。对于单个农户来说，生产高质量农产品也难以获得相应的高收益。一方面，农产品市场具有典型的“柠檬市场”特性，逆向选择普遍存在，单个农户难以向市场传递其所生产农产品的质量信号，因此无法从“优质优价”中获得超额收益；另一方面，单个农户在整个农业产业链中处于弱势地位，渠道权利较小，在与经纪人或中间商的博弈中缺乏议价能力，难以保护其自身的利益。因此，单个农户的质量控制意愿较低。农民合作社通过将分散的农户组织起来生产，有利于实现规模经济效应和品牌创建，相比单个农户更容易从生产高质量农产品中获得溢价收益，从而激励农户生产质量安全的农产品。

8.2.1.3 基于制度和信誉双重约束的质量监督机制

制度约束是合作社进行农产品质量控制的运行框架和基础。制度约束是通过合作社的规章以及农户与合作社订立的正式合约来规范农户的生产行为。一方面，通过社员制度、产权制度、治理结构等合作社规章详细地规定农户的义务和责任；另一方面，通过订立正式的合约明确生产决策权配置、生产过程监督、违约行为惩罚、合作剩余分配等激励农户参与合作。同时，由于农民合作社的地缘特性，其可以通过信誉来约束农户的行为。合作社的信誉制度是根植于农村特有社会文化的一种非正式制度形式。信誉约束可以通过重复交易背景下的社会规范、习俗、道德来激励农户的质量合作行为。信誉机制的无形约束有利于社员农户间的互动和相互监督，增强合作社内部的信任度，激励农户形成一种基于长期利益考虑和稳定合作预期的自我约束机制，从而内化农户的质量控制意识和行为。

8.2.2 基于农民合作社的农产品质量安全治理机制

农户生产行为是形成农产品质量安全问题的最关键人为因素，实现农产品安全最重要的是要做好源头管理。在农户分散生产经营情况下，农户由于利益驱动，易发生机会主义行为和败德行为，农产品质量安全认知不足，质量投入动机不强。提高农户组织化程度则能够有效从生产源头上提升农产品质量水平，农产品供应链的一体化程度越高，其提供产品的质量安全水平越高。

8.2.2.1 利益共享机制

小农经营的分散性使得其在整个农产品供应链上很容易受制于人，其主要原因就在于分散的农民缺乏参与市场竞争所必需的信息资源和组织资源。

农民加入合作社在某种程度上实现了生产规模的联合，合作社带领农民“抱团”参与市场竞争，可以有效降低单个农民面临的市场风险，提高农民的信息获取能力和进入市场的组织化程度。《中华人民共和国农民专业合作社法》规定：合作社的盈余主要按照成员与农民专业合作社的交易量（额）比例返还。也就是说，合作社所取得的规模经济效益归合作社成员所有。合作社的盈余越大，社员农户的收益也就越多。同时农民合作社的组织性质使得农产品质量追溯更容易实施，声誉机制作用较单个农户经营时要强。一旦个别农户发生机会主义行为，则很有可能被取消社员资格，无法享受到合作社提供的各项服务，造成因追求短期利益而失去长期收益。这样的制度安排使得农户会产生一种质量控制动机，并自觉监督其他农户的生产行为，以维护自己当前和长远的经济利益。当农产品质量出现问题时，既不符合合作社的利益也不符合社员的个体利益。

8.2.2.2 重复博弈机制

在农户分散经营情况下，由于农产品质量信息的不对称性，农户易发生机会主义行为，交易主体之间很多情况是一次性博弈，声誉机制难以发挥作用。农民加入合作社后，农产品交易由原来的市场交易转变为组织内部交易。农民合作社是农户依据“入社自愿、退社自由”等合作社原则组成的，具有重复博弈的性质，对农户的生产经营行为具有较强的协调和约束作用。合作社与农户之间的利益联结机制以及合作社成员的社会关系特点有利于控制农户生产行为，保证农产品质量。值得说明的是，虽然《中华人民共和国农民专业合作社法》中对合作社成员的同质性及共同治理模式做出规定，但在农民合作社发展过程中，成员异质性特点越来越明显，“大户领办”“能人治社”已经成为很多合作社的实际治理形式。农业部的统计数据表明，全国60%以上的合作社是由大股东控制，这些大股东包括专业大户、技术能人、村干部等。在这种情况下，合作社内部形成了双重委托代理关系。一方面，是以农户为委托人，大户或能人为代理人的委托代理关系；另一方面，农户在作为合作社所有者的同时，还作为生产者与合作社发生业务关系，即按照合作社所提供合同的要求，按时、按量、按质交付农产品，这时农户为代理人，合作社管理者为委托人。对于合作社来说，有关农产品质量的信息依然是不对称的。一般来说，解决信息不对称环境下的委托代理问题的方式主要有两种：一是设计满足参与约束和激励相容条件的合约；二是利用时间来解决委托代理问题，即通过委托人与代理人之间的重复博弈建立的信誉机制来促使代理人减少道德风险行为。合作社与成员间的特殊关系使得双方的重复博弈成为可能，当农民实施机会主义行为时，合作社更容易发现，并且结束后续交易，使得农民的违约成本增加。因此，农民在加入合作社初期就会选择生产安全农产品，为自己树立良好的声誉。

8.2.2.3 关系嵌入机制

在中国农村，由于土地资源无法移动，农民长期处在相对封闭的社会情境（家庭、宗室、族群）之中，尽管近年来农村流动人口大量增加，但家族伦理、文化信仰、传统习俗等行为规范依旧会制约农民的行为。农民之间由于地缘关系，不仅相互了解，同时也存在着相互监督。农民合作社是农民自愿联合、民主管理的互助性经济组织。同时由于合作社成员的地缘关系使得合作社组织又具有社会组织的特性，在某种程度上是一种社会资本和社会资源的集合体。这种社会资本和社会资源提供了农民合作社所必需的信任、规范和网络，形成农民合作社治理公共事务的内源性基础。合作社能够对分散农户的机会主义行为进行监督和约束。一方面，在合作社内部，由于农户间的信任与相互监督，道德的约束力会强于单个农户生产；另一方面，由于单个农户的行为处于合作社成员的观察之下，合作社从长远利益考虑，会主动地对农户的机会主义行为予以及时制止。

8.2.2.4 权利约束机制

单个农户的分散经营给农产品质量控制带来很多困难。农民合作社可以有效控制农产品质量源于农民合作社的组织权力。按照经典的组织理论，组织权力来源于四个方面，即利益、技术、信息和权威。第一，要农户实现由“重数量”到“重质量”的转变需要有农产品交易数量和交易总收益的支持。首先，农民合作社通过把农民组织起来，可以增强谈判和议价能力；其次，通过发展标准化生产，可以取得规模经济效益；最后，可以通过品牌构建和渠道发展获取溢价，提高农民收益，为农户进行质量投入提供保障。第二，农户的小规模分散经营难以实现规模效益，先进的生产技术难以普遍推广。农民合作社由于其经济和社会双重属性，使其成为政府和企业在农业技术供给方面不可或缺的伙伴。农民合作社可以通过统一提供生产资料、实施统一标准化的操作规范、统一推广新技术来控制农户生产行为，增强农户安全生产的动力，保障农产品质量安全。第三，信息不对称不仅会造成农户的道德风险，同时也会引起消费市场上的逆向选择。农民合作社可以通过向市场发布农产品信息，使高质量农产品获得溢价；同时可以更容易获取市场需求信息，了解消费者对农产品质量的需求以及对高质量农产品的支付意愿，使农户因生产安全农产品而获得更多收益，从而增强农户质量投入的动机。

8.2.3 农民合作社农产品质量控制对策研究

小生产与大市场的矛盾造成了农产品市场力量的不对称，在农户利益无法得到保障的情况下，机会主义行为成为现实选择，通过农民合作社提高农民生产的组织化程度，可以实现规模效益。在农户收益得到保障的情况下，农户会强化质量投入动机和自律意识，降低机会主义行为发生的风险。合作社与农户之间的利益联结机制使农户自觉接受监督和遵守质量规范成为可能。合作社可以采取以下农产品质量控制对策，保障农产品质量安全。

8.2.3.1 组织标准化生产

当农户的组织化程度较低时，农产品标准化生产的实施成本及监控成本较高。农民合作社是低成本组织农户进行标准化生产的合适载体。合作社标准化质量控制包括产前标准化、生产过程标准化及产后标准化。其中，产前标准化管理包括统一引进安全生产技术，制定符合本社实际的合作社生产技术标准与规程；生产过程标准化包括建立生产过程田间管理档案制度，统一种子、农药、化肥等生产资料供给，制定和实施生产过程监管制度；产后标准化指由合作社统一收购、统一加工、统一销售农产品，并可通过以农户为单位进行产品来源编号登记等方式将责任落实到户，建立溯源机制。

8.2.3.2 提供安全生产服务

在农业生产成本不断提高的背景下，小农分散经营与农产品安全的矛盾日益突出。由于缺乏规模效益，导致先进的安全生产技术难以推广实施，单个农户的质量安全措施可能造成成本提高，要么导致减产，因而农户安全生产动机不足。由于农户具有产业同质性，面临的生产经营问题相似，合作社可以统一为农户提供安全生产服务，充分发挥技术和服务的投入效益。合作社通过加大质量宣传力度、开展安全生产操作培训、进行技术指导、组织质量安全认证等方式为农户提供安全生产服务，提高农户的农产品安全认知，从事安全生产行为。

8.2.3.3 加强质量监督控制

奥尔森（2011）认为，除非一个集团中人数很少，或者除非存在强制或其他某些特殊手段使个人按照他们共同的利益行事，有理性的、寻求自我利益的个人不会采取行动以实现他们共同的或集团的利益。即使生产高质量农产品可以实现集体共同利益，但仍有机会主义行为出现的可能，因此，合作社有必要加强农产品生产过程监督，使农户实施安全生产行为。合作社可以利用农村社会关系网络的特点实施捆绑式质量管理，农户之间互相监管，一户违约，各户有责。同时提升合作社内部的农产品质量检测能力，为有效实施结果控制打下基础。

8.2.3.4 建立质量激励机制

奥尔森（2011）认为，相容性集团实现其共同利益仅仅是种可能，解决机会主义行为的方法是实施选择性激励。为此，对于坚决执行合作社内部质量控制条款的农户，除获得正常集体利益份额外，还应获得额外收益；同时，对于违反质量承诺的农户，应给予惩罚。可实施合作社内部的农产品质量保证金或延期支付制度，保障农产品安全。

8.3 有利于农产品供应链源头质量控制的农民合作社治理优化

要真正发挥农民合作社在农产品供应链模式创新及农产品供应链源头质量控制中的重要作用，需要优化农民合作社的治理结构和机制。

8.3.1 农民合作社农产品质量控制的困境

尽管农民合作社是农产品质量控制的有效组织载体。但现实中，具有地缘优势的农民合作社却没能在农产品质量安全控制中发挥其应有的作用。在收购定价、盈余分配等方面的统一性的制度安排使得合作社内部“搭便车”行为盛行，表现为部分社员不愿将生产出的高质量农产品交易给合作社，而是私下甚至公开销售给其他市场主体；或者“以次充好”向合作社惠顾质量不合格的农产品，由此导致合作社农产品质量水平不高，质量安全无法保障。

8.3.1.1 合作社内部农户的质量行为分析

农民合作社是一种特殊的经济组织，农户家庭依然是合作社内部的基本生产单位，很多农户入社的初衷仅仅是为了分享合作社为其带来的收益，而不愿意为合作社的声誉和品牌创建做出相应的贡献，从而导致合作社容易陷入“集体行动的困境”。从某种程度上看，合作社农产品的整体质量可以视作一种集体物品，单个社员为提高农产品质量所付出的成本与其所获得的收益往往难以实现平衡，在安全农产品的生产过程中，部分社员的“搭便车”行为不可避免（蔡荣，2017），致使合作社无法实现对农产品质量的有效控制。

这里假设社员农户进行质量合作的单位成本为 C，合作的单位收益为 R，$R>C$。合作社的成员可以选择合作，也可以选择“搭便车”。若选择合作，则合作社每个成员共享合作收益并且共同分担成本；若选择“搭便车”，则“搭便车”的成员仅分享他人的合作收益却不用分担成本。当大部分农户均未按合作社的质量要求生产农产品而选择“搭便车”时，会降低合作社农产品的平均质量水平，从而降低合作的单位收益，这里定义 R_L 为合作社农产品平均质量水平降低后的合作收益，且 $R_L<C<R$。原因在于农产品质量提升具有较高的成本弹性，即一定程度的农产品质量水平的提升需要通过更大比例的成本投入才能实现，且当大部分农户选择“搭便车”时，质量水平的下降会使合作社农产品的单位收益大幅下降。

这里分析代表性农户 A 的行为选择，且假定 A 是理性的，B 代表除 A 以外的所有社员农户。由图 8－2 合作社成员间的博弈模型可以看出，当每个农户都选择合作时，包括 A 在内的所有成员均获得收益 $R-C$；如果 A 选择“搭便车”而其他成员选择合作，则 A 的收益为 R，B 代表的其他成员的收益为 $R-C$；若 A 选择合作，B 代表的其他成员选择“搭便车”，则 A 的收益为 R_L-C（$R-C<0$），其他成员的收益为 R_L；若所有成员都选择“搭便车”，则每个农户的收益均为 0。

对于农户 A 来说，无论 B 代表的其他农户选择合作或者是“搭便车”，A 的选择都是“搭便车”。由此可见，“搭便车”成为农户利益权衡后的理性选择，刺激社员农户在集体行动中容易滋生一种“坐享其成”的心态。究其原因，一是农户间信任的缺失。信任的缺失使得农户不愿意相信他人的合作行为，自身实施“搭便车”行为。农村人际信任的松散化使其对互惠的预期

		农户A 合作	农户A "搭便车"
农户B	合作	$R-C$，$R-C$	R，$R-C$
农户B	"搭便车"	R_L-C，R_L	0，0

图8－2　合作社成员间的博弈模型

大大降低，不再愿意将自己的利益与他人的利益混杂在一起；同时由于制度信任的缺失，使得农户的合作往往是急功近利的，长期合作难以为继（黄家亮，2012）。二是农户特殊的心理"公正观"。在中国农村，农民在很多时候不会按照自己能够获得多少好处来计算得失，而是更看重其他人是否无偿地从自己的行动中获得了额外收益，这种心理形成了农户特殊的"公正观"（贺雪峰，2004）。这种"比较选择公正观"易使农户产生"非理性心理"，即如果难以阻止周围人的"搭便车"行为，其自身也会选择"搭便车"。

8.3.1.2　农民合作社的农产品质量供给困境

农民合作社的农产品质量供给困境可以归结为两方面：一方面是供给，即合作社的农产品质量控制；另一方面是需求，即农产品的市场需求特点。本书从以下几个方面分析合作社的农产品质量供给困境。

（1）规模边界困境。

奥尔森（1982）曾分析了决定集体行动能否成功的因素，即集体规模、结构（成员异质性）以及治理机制。农民合作社的农产品生产可以视作集体行动的过程，合作社的规模会对其质量控制产生影响。本书通过以下分析验证合作社的规模与农产品质量控制的关系。

假设农民合作社内部农户数量为 N，每一个农户都符合"理性小农"假设即追求利润最大化，且每个农户均为风险中性。农户的生产成记为 $C(q)$，即生产成本是质量水平的函数，$C'>0$，$C''>0$。每个农户独立做出质量决策

q_i，对于合作社内的每一个农户，都按照利润最大化的原则选择其质量投入水平，即：

$$\max \quad R(q_a)P(N) - C(q_i) \tag{8.1}$$

这里 q_a 代表消费者在购买时能够观察到农产品质量的平均水平，不考虑农产品批量价格折扣的问题，

$$q_a = \frac{\sum_{i=1}^{N} q_i}{N} \tag{8.2}$$

$R(q_a)$ 代表合作社农产品质量在消费者心中为“优质品”的概率，$R' > 0$，$R'' < 0$。

合作社农产品的反需求函数为 $P(N)$，$P' < 0$。对于公式（8.1），求最大收益的一阶条件为：

$$\frac{1}{N}R'(q^*)P(N) = C'(q^*)$$

这里 q^* 代表农户在非合作时合作社农产品的均衡质量水平，

$$\frac{\partial q^*}{\partial N} = \left[\frac{1}{N}P'(N) - \frac{1}{N^2}P(N)\right]\frac{R^*(q^*)}{C''(q^*) - \frac{1}{N}R''(q^*)P(N)} \tag{8.3}$$

这里 $P' < 0$，$\frac{1}{N}P'(N) - \frac{1}{N^2}P(N) < 0, R'(q^*) > 0$，$C''(q^*) - \frac{1}{N}R''(q^*)$

$P(N) > 0$，$\frac{\partial q^*}{\partial N} < 0$。

由此可见，随着合作社内农户数量的增加，合作社所生产农产品的平均质量水平会下降。随着合作社内部农户数量的增加，农户从生产高质量农产品中所获得的收益会逐渐减少。但每个农户为生产高质量农产品付出的成本却相同。换句话说，随着农户数量的增加，生产高质量农产品的收益将被稀释，而成本却不会减少。所以农户提供高质量农产品的意愿较低。但并不是

说合作社规模越小越有利于质量控制。合作社应保持一定规模以实现规模经济效益，这也是质量控制的基础。蔡荣（2017）的研究也表明，合作社的成员数量与其农产品质量水平之间呈现倒“U”形关系，即随着合作社成员数量或带动农户数量的增加，合作社的农产品质量呈现出先上升后下降的趋势。

（2）质量监督困境。

合作社是一种特殊的经济组织，其重要的特点是所有者和惠顾者的统一。为此，农民合作社内部存在着双向的委托代理关系。第一，从所有权角度看，由于社员是合作社的所有者，所以社员是委托人，合作社的经营管理者是代理人；第二，从惠顾角度看，由于社员是农产品的生产者并同合作社进行交易，所以合作社经营者是委托人，社员农户是代理人。在第一种委托代理关系下，由于社员是合作社的所有者，即使管理者希望对部分社员的“搭便车”行为进行惩罚，身为委托人的社员也可能通过行使表决权使得惩罚决策难以通过（Hanf et al.，2014）。在第二种委托代理关系下，由于农产品质量信息不对称，社员容易发生签约之后的道德风险。尽管农户加入合作社，但仍然是独立的生产单位；随着合作社规模的不断扩大，对每一农户生产的农产品进行质量检测势必给合作社带来巨大的经营成本。合作社的组织特性使得合作社难以实现质量监督成本与效益之间的平衡，陷入质量监督的困境。

（3）质量信任困境。

纳尔逊（Nelson，1970），达比和卡尼（Darby & Karni，1973）将商品划分为搜寻品、经验品和信任品三类。其中，搜寻品一般指消费者在购买前就可以获得质量信息的商品；经验品指消费者在购买前无法获得但在消费后可以获取质量信息的商品；信任品即消费者在消费后都难以获得其质量信息的商品。卡斯韦尔和帕德贝格（Caswell & Padberg，1992）认为从食品安全要素角度看，食品具有经验品和信任品特性。由于质量信息不对称，农产品市场具有典型的“柠檬市场”特征，存在逆向选择风险。农产品供给质量在很大程度上是由市场机制决定的，由于消费者对农产品质量的信任程度不高，致使农产品“优质优价”的市场机制尚未实现。质量信任困境使得高质量农产品难以获得较高的价格，甚至被低质量农产品挤出市场，从而陷入“低质低价”甚至“高质低价”。当高质量农产品无法获得溢价时，会削弱合作社生产高质量农产品的动机。

（4）质量技术困境。

在农产品生产中，技术应用及管理是保障农产品质量安全的关键要素（蔡荣，2017）。王洪丽和杨印生（2016）认为农户对农产品生产技术的了解程度会显著影响农户的质量控制行为。农民合作社在农产品生产中所面临的技术困境主要表现在以下两方面：一是技术应用不当风险。这里的技术应用不当主要是指农药、兽药、化肥等的不规范使用。技术应用不当可能是由“无知”造成的，即农户不知某种技术对农产品质量有损害，却将其应用于生产之中；也可能是由“无良”造成的，即农户为提高产量和增加收益故意使用明知有害的技术，如毒性农药的使用。技术应用不当增加了合作社农产品质量安全的风险。二是技术应用不足风险。在农产品生产过程中，质量受自然因素和生物特征影响很大；在农产品流通环节，与其他商品相比，农产品面临的质量损耗风险更大。有机农药、有机肥料、加工包装、冷链物流等技术对农产品产中和产后的质量控制具有重要作用。然而，很多合作社对农产品质量改善技术的应用不足。技术应用不足的主要原因在于合作社或农户尚未知晓这项技术或者是技术的使用成本过高。由此造成新技术难以在农产品质量安全控制中发挥其应有的作用。

8.3.2 有利于农产品供应链源头质量控制的农民合作社治理优化

尽管农民合作社在农产品质量监管中面临诸多挑战，但其仍是有利于农产品质量控制的组织形式。合作社对农产品质量控制的有效性，一方面，取决于质量控制带来的合作剩余以及合作剩余如何分配；另一方面，取决于合作社能否解决由于合作社部分资产的公共物品属性带来的“搭便车”问题。

为此应通过提升合作社的经营能力使高质量农产品创造更多的合作盈余；同时，应通过完善合作社的内部治理提升合作社的质量管理能力。

8.3.2.1 提升合作社运营能力

社员农户生产高质量农产品的内在激励在于高质量农产品的价格拉力，即优质优价机制。要实现优质优价，就需要增强合作社农产品的市场识别度。通过品牌和渠道建设实现合作社农产品的排他性，向市场传递高质量信号。为此，一是要进行品牌建设。在农产品消费由“数量满足型”向“质量追求型”转变的背景下，合作社的品牌建设是实现农产品“优质优价”的重要途径。品牌作为一种质量信号可以向市场传递农产品品质的信息，避免市场中的“逆向选择”行为。作为合作社应充分结合农产品的产地特色、农产品的特有属性、农产品的文化因素等打造农产品品牌，并通过线上和线下营销的方式进行品牌推广，实现合作社品牌与高品质农产品的内在关联，进而实现“优质优价”。二是要进行渠道创新。农产品流通渠道对农产品的价格形成有重要影响。特别是对高质量农产品来说，流通渠道差异会带来较大的价格差异。虽然农民合作社通过组织农民规模化经营可以增强其在传统流通渠道中的渠道权力和价格博弈能力，但面对传统终端中的大量同质商品，难以实现高质量农产品的排他性和质量溢价。为此，农民合作社应创新流通渠道，通过渠道创新实现高质量农产品的市场差异化。面对日益体验化、小众化、高端化、个性化的新消费趋势，合作社可尝试通过卖场货柜销售、社区支持农业、定点供给等新型流通渠道销售农产品，通过渠道差异化实现高品质农产品的价格差异化，特别是应利用互联网平台发展线上销售渠道，增强高品质农产品的跨区域影响力和品牌认可度，实现更多的合作社盈余，增加社员农户生产高质量农产品的动机。

8.3.2.2 加强合作社准入与退出管理

合作社既要适度扩大规模以实现规模经济，进而激励农户的质量合作行为；又要避免规模过大而陷入集体行动的困境，减少社员“搭便车”的可能。为此，应对合作社的准入和退出做出相应规定。虽然“入社自愿，退社自由”是合作社的基本原则，但无条件的准入和退出不但不利于合作社的内部稳定性，也不利于合作社对农产品质量的管理。奥尔森（Olson，1980）认为，有理性、寻求自我利益的个体不会采取行动以实现他们共同的或集团的利益。即使个体采取行动实现集团的利益或目标后自身也能获益，他们仍不会自愿采取行动以实现共同的或集团的利益。对于合作社来说，入社农户的受教育年限、农户的生产规模、销售经验、家庭成员有无非农就业渠道等因素均将影响社员对合作社的承诺水平（蔡荣，2015）。同时，随着社员农户数量的增加，每个农户通过合作社的品牌、信誉等“公共物品”获得的额外收益会减少，而识别农户对合作社利益贡献多少的成本却不断增加，由此容易造成“搭便车”现象。奥尔森（Olson，1980）曾分析了决定集体行动是否能够取得成功的三个关键因素，包括集体规模、结构（成员异质性）、集体治理机制（强制或选择性激励）。富尔顿和桑德森（Fulton & Sanderson，2002）认为合作社难以界定边际成员以及无法实现效率最优的社员规模是传统合作社陷入质量控制困境的重要原因。为此，应通过完善合作社的准入和退出管理合理界定社员边界，减少农户“搭便车”行为发生的可能，提高合作社农产品质量控制的效率。一是设计合理的社员准入条件。在最低生产规模、出资金额、农业技术水平、是否是兼业化的农民等方面做出明确规定，特别是关注申请入社农户的道德和信誉水平，尽可能排除信誉较差的农户，以降低日后的质量监督成本。二是规范社员的退出权管理。尽管“入社自愿，退社自由”是合作社的基本原则，但农户零成本的退出不但不利于合作社的稳定性，更会增加合作社质量控制的困难。出于质量控制考虑，在保障农户剩余权的基础上应适度提升合作社的退出成本，增强农户按合作社的质量和数量要求履约的约束。可设计建立社员资本账户或认购权制度，要求农户在入社时缴纳一定数额的股金、入社费或质量保证金，通过增加农户的退出成本激励农户的质量合作行为。

8.3.2.3 完善农民合作社的治理结构

农民合作社的治理机制将直接影响到其对社员的带动效果。农户的简单联合和松散管理无法从根本上改变单个农户在市场竞争和农业产业链中的弱势地位。农民合作社作为一种集体经济形式，在其内部一定程度地存在着道德风险、利益冲突等委托代理问题，这些问题将削弱合作社作为一个整体参与市场竞争的能力，影响合作社的长期发展。维塔利亚诺（Vitaliano，1983）认为“搭便车”等代理问题在合作社内部普遍存在，合作社的治理问题难以避免。在农产品质量控制方面，社员农户的“搭便车”行为主要表现为农户为降低成本或增加产量而生产低质量农产品，却被合作社按高质量农产品的价格收购。“搭便车”造成的不良循环会导致合作社农产品整体质量水平的下降。农民合作社的治理结构会对农产品质量控制的效果产生重要的影响。合作社的治理结构主要涉及决策权的归属问题（Hansmann，1996）。应通过完善合作社的治理结构提升农产品的质量控制水平。农民合作社的决策权结构可以归结为谁做决策和决策机制两个问题。社员可以通过投票、异议等方式行使其控制权。经典的合作社一般要求只有社员才具有投票权，坚持“一人一票”原则。在合作社内部社员的同质性较强、产权明晰，且不存在“内部人控制”和利益侵占问题时，社员愿意与合作社进行交易并对合作社进行投资（Fulton，1999），此时“一人一票”的民主决策可以实现合作社整体最优和社员增收的目标。但当合作社成员的异质性较强时，“一人一票”可能会使有利于合作社整体利益的决策无法通过，大部分小规模社员可能通过表决损害小部分规模大的社员的利益，同时，“一人一票”也会增加决策过程中形成统一意见的难度。为了提升合作社对农产品质量控制的有效性，合作社必须要具备更好的经营管理能力，需要具备一定经营管理能力和技术水平的主体的参与。而农户所拥有的资源禀赋存在较大差异，大部分农户受制于理念、资金、技术等方面的约束只能成为从事小规模经营的农户。小农户在获取市场需求信息、参与市场竞争、农产品价格博弈中均处于劣势，很多中小社员在参与合作的过程中普遍缺乏稳定惠顾、资本投入以及扩大生产规模的意愿（孙亚苑和余海鹏，2012）。为了应对日益激烈的农产品市场竞争环境以及市场需求的多元化，合作社的经营管理需要具有“企业家才能”的管理和技术精英，较强的成员异质性已经成为我国农民合作社发展中必然要经历的阶段。在合作社的决策过程中，具有“企业家才能”和“资本”的精英更能把握市场需求，做出有利于提升合作社绩效和市场竞争力的决策。为此，在市场导向下，精英应拥有更大的决策权，合作社内部应形成一种市场精英管理和中小社员民主控制的制衡式决策机制。

8.3.2.4 设计合作社的激励机制

农民合作社是一种特殊的经济组织，农户家庭依然是合作社内部的基本生产单位。农民加入合作社后不仅仅是为了享受合作社提供的服务，也需要对合作社履行惠顾义务，即“社员承诺”（Fulton，1999）。但很多农户入社的初衷仅仅是为了分享合作社为其带来的收益，却没有履行其应尽的义务，如社员并未与合作社交易其所生产的所有农产品。在成员异质性较强的情况下，核心社员可以通过股份分红、交易返利和在职收益等方式获取合作社的剩余；普通社员农户则会因为较少的股权占有只享有“一次让利”及有限的“二次返利”（黄胜忠和伏红勇，2014）。当中小农户获得的惠顾返还与其预期存在较大差异时，会降低其对合作社的信任，刺激农户机会主义行为的动机。为此，合作社应设计合理的激励机制以提升社员对合作社的承诺水平，激励成员最大限度地支持与投入合作社的发展。

一方面，建立公平与效率兼顾的收益分配方式，既要增强对社员惠顾的激励，也应有利于吸引外部资本的进入。随着合作社规模的扩大及成员异质性的增强，可采取“按惠顾额返利”和“按股分红”相结合的收益分配方式。另一方面，设计合理的社员参与激励机制，提高社员对合作社运营的参与程度。“所有者”与“惠顾者”统一是合作社最重要的特征。由此，合作社中的社员参与可以分为业务参与、资本参与、管理参与三方面。当前，我国很多合作社内部的社员参与行为以业务参与为主，资本参与和管理参与相对薄弱。应鼓励合作社向中小社员开放认购股金，并通过完善社员代表大会制度增强中小社员对合作社事务管理的参与程度。

8.3.2.5 优化合作社质量监督机制

合作社是一种在合作原则下建立的集体经济形式，由于合作社的投入品、品牌和信誉等资产具有公共物品属性，具有正的外部性，使得合作社内部容易发生“搭便车”行为。同时，随着很多合作社内部的成员异质性不断增强，核心社员掌控着更大的剩余索取权和决策权，中小社员由于缺乏实质性权力会弱化其对合作社的归属感和认同感，进一步加剧中小社员的“搭便车”行为。如部分社员仅享受合作社为其提供的公共资源，却背弃其与合作社之间的互惠协议，未能将其所生产的所有农产品交易给合作社，即“侧销”行为；或未按合作社的质量要求生产农产品，却按质量合格农产品的价格交易给合作社；社员作为合作社所有者未能履行对合作社的事务管理和监督义务。农产品具有典型的“信任品”属性，消费者即使在消费之后也无法判断农产品质量的好坏。农产品质量信息的不对称刺激了农户“搭便车”的动机，同时质量监督和可追溯成本较高也制约了合作社的质量监督效率，使部分“搭便车”的农户的容易逃过惩罚。奥斯特罗姆（Ostrom，1992）曾提出制度设计是抑制“搭便车”行为的关键。对于合作社来说，应通过合理的监督机制设计减少农户“搭便车”行为发生的概率。为了克服农户的“搭便车”行为，可以从合约和关系两个方面强化监督机制。一是设计有效合约约束农户行为。合作社与农户之间订立的合约形式包括销售合约与生产合约，其中生产合约又可分为资源供应合约与生产管理合约。无论是生产合约还是销售合约都应具备详细的可测度性指标，如交易数量、质量、时间要求等，对生产决策权的配置做出明确界定。为约束农户行为，可设计基于农产品质量的跨期支付机制及质量担保机制。跨交易周期的支付机制是一种将短期交易利得长期化的有效方法。在跨期支付机制下，农户的收益不仅取决于当期的农产品质量，同时取决于其以往向合作社提供的农产品的质量，一旦农户提供的问题农产品被消费者或监管机构识别，将会使其面临巨大的收益损失尤其是远期收益。质量担保是一种关系专用性投资，是显示合作强度信号的抵押品。质量担保机制有利于农户信守合约条款，按照合作社的质量要求生产农产品。由于问题农产品会使农户无法收回质量担保金，从而增强农户在质量控制中的自律性。二是利用关系规范监督农户行为。由于地缘性特点，农民合作社具有典型的“熟人”社会组织特性，从某种程度上讲是一种社会资本或资源的集合，而这种社会资源构成了合作社内部信任和行为规范的基础。合作社内部的关系规范不但有利于社员的自我约束，也有利于社员间的相互监督，通过高水平的合作、信任、互惠及社员承诺提升合作社的绩效和社员收益。

8.3.2.6 培育技术型职业农民

农户的受教育程度和技术水平对其视野和生产行为有着直接影响，进而决定了合作社的生产效率和农产品质量水平。农户对技术的应用不当和应用不足是造成农产品质量安全问题的重要原因。从农户角度看，其一般不愿接受来自外界的对其生产要素配置的安排，对新技术有着风险规避倾向；从技术推广主体角度看，大量农户的分散经营加大了农业技术推广的成本。相关研究表明，农户不合理使用化肥、农药等投入品的重要原因就在于涉农部门未能有效为其提供信息和支持（Jia et al.，2013）。通过技术培训使农户掌握正确的生产技术，是提升合作社农产品质量安全水平的重要途径。农户在加入合作社后，必须让渡部分生产决策权，在一定程度上接受合作社对其生产要素配置的安排，使得合作社成为农业技术推广的有效载体。为此，应发挥涉农部门、科研院所、高等学校在农业技术培训中的主导作用，发挥合作社的中介和载体作用，加强对农户的技术培训，培育技术型职业农民。

8.3.2.7 推进合作社农产品流通渠道创新

农民合作社生产出的农产品可以通过批发市场——农贸市场渠道进入消费者手中，也可以通过与超市、企业的对接实现农产品销售。渠道选择会对合作社农产品生产中的质量努力产生重要影响。合作社农产品的质量水平高低直接取决于消费者对高质量农产品的支付意愿，如果高质量农产品可以获得溢价，那么合作社及农户就有动力去提升农产品质量，反之则会降低其质量努力水平。支付意愿取决于消费者对流通渠道中农产品质量的认知和信任程度。益普索的调查表明，消费者对传统农贸市场销售的农产品的质量安全缺乏信任，63%的调查对象认为农贸市场易出现食品安全问题，而对国外进口渠道销售的农产品的质量安全信任程度最高。① 由此可见，推进合作社农产品的流通渠道创新对于激励合作社提升农产品质量水平具有重要意义。政府应加强政策支持、积极搭建平台，引领合作社与超市、出口企业、大型组织对接，同时对依托移动互联网的社群（消费合作社）与农民合作社的对接模式予以支持，引导合作社增强营销意识和创新流通渠道。

① IPSOS：2015年食品安全报告（附报告）[EB/OL]. 中文互联网数据资讯中心网，2015－06－13.

第9章

基于食品安全的农产品供应链协同创新

食品是生活必需品，是人类生存和发展的基础。食品安全问题是世界性难题，直接关系人民群众的健康和生命安全，人民群众对食品安全问题高度关注。中共十九大报告提出，我国的社会主要矛盾已经转化为人民日益增长的美好生活需要和不平衡不充分的发展之间的矛盾，并提出实施食品安全战略，让人民吃得放心。

食品安全问题既是民生问题，也关乎经济发展和社会稳定。第一，食品安全问题关乎民生，是健康中国战略的重要组成。解决食品安全问题是广大人民群众的强烈愿望，也是政府保证和改善民生的重要任务。如果食品安全问题解决不好，国民生产总值增长再快，老百姓的满意度和幸福感也不会提高。第二，食品安全关乎经济发展，食品产业健康发展将成为扩大内需，促进经济发展的强大动力。食品安全问题多发会使消费者丧失信心，严重打击食品相关产业，进一步危及我国食品及农产品的出口，影响经济发展。第三，食品安全问题影响社会稳定，互联网等现代传媒工具使得信息的传播速度和范围不断增大，加之公众对食品安全的高度关注以及食品安全风险的“社会建构性”，使得公众的“舆情沸点”较低。食品安全事件的信息传播速度远快于其他事件，如果处置不当则容易造成公共信任危机，直接影响食品产业发展和政府公信力。

联合国粮农组织（FAO）和世界卫生组织（WHO）在《保障食品安全与质量：强化国家食品控制体系指南》中提出，食品安全一般涉及那些可能使食品对消费者的健康造成伤害的所有危害因素，无论这些伤害是马上出现还是长期潜伏。FAO 和 WHO 进一步指出，食品的工业化生产方式及食品贸易的全球化使得食品安全面临更大挑战，这其中包括农兽药残留、微生物危害、滥用食品添加剂、化学污染物以及人为掺假等。

9.1 农产品质量安全问题的成因

农产品质量安全问题受多方面因素综合影响，FAO 和 WHO 认为发达国家的食品安全风险主要源于生物污染和新技术的应用；发展中国家的食品安全风险则主要源于种养殖业的源头污染，食品添加剂的不规范使用，特别是人为制售不安全食品的问题比较严重。近年来出现的“毒姜”“毒小麦”等事件极大地冲击了消费者对农产品安全的信心，消费者普遍担忧农产品的质量安全问题。

9.1.1 农产品质量安全问题的表征原因

农产品供应链长且复杂，供应链中任何一个环节的质量安全问题都会最终导致问题食品的产生。本书将分析农产品供应链不同环节可能产生的食品安全问题。

9.1.1.1 农产品生产源头的质量安全问题

农产品生产源头的质量安全风险包括以下几方面：一是农业生产环境污染造成的农产品质量安全风险，如水资源污染、土壤重金属污染、空气污染等。由于城镇化进程的不断加快，很多地区的工业、农业地块混杂，造成部分农田周边的环境受到污染，进而导致这类农田所产出的农产品有害物质超标。此外，部分地区长期的农田污水灌溉造成了土壤重金属超标问题。环境保护部和国土资源部于2005～2013年开展了第一次全国土壤污灌情况调查并于2014年发布了《全国土壤污染状况调查公报》，结果表明：在调查的55个污灌区中，39个地区存在土壤污染问题，在所调查的1378个土壤点位中，超标的点位占了26.4%，主要的污染物为镉、砷和多环芳烃等重金属。二是在种植业和养殖业生产过程中不规范或违规使用农药、化肥、生产激素等造成的有害物质在农产品中的残留，进而造成食品安全问题。过量使用的化肥和农药随灌溉水或雨水进入地下，既影响了土壤的营养平衡，也降低了土地所生产出的农产品质量。在农膜使用方面，2015年我国农膜使用量达260多万吨，其中地膜的使用量达到145万吨，但可回收的农膜比例不足2/3。[①] 农药、化肥等的过量使用，不但污染了耕地，也增加了农产品质量安全的隐患[①]。

9.1.1.2 农产品加工中的质量安全问题

农产品加工中存在的质量安全隐患主要表现为：一是初级农产品加工和食品制造行业的卫生保障能力还有待进一步提升。在食品生产加工环节，全国仅获得生产许可证的食品企业就达17万多家，这还不包括几十万家食品生产加工小作坊。由于自身卫生意识、监管资源约束等问题，部分食品加工从业者无法达到规定的卫生标准要求，特别是很多城乡接合部地区存在无照经营食品加工业务的情况，造成了很大的食品安全隐患。二是少数不法分子违规使用食品添加剂、使用非食品原材料生产加工食品、故意制假掺假。国家食品药品监管总局的数据显示，2016年抽检发现的不合格食品中，违规使用食品添加剂的占比达33.6%。[②]

① 农膜污染隐患严重！回收率不足2/3［EB/OL］. 搜狐网，2017-06-08.

② 赵鹏. 违规使用添加剂成食品安全最大问题［N］. 北京日报，2017-12-19（09）.

9.1.1.3 农产品流通中的质量安全问题

农产品流通中存在的质量安全问题主要表现在以下几方面：一是物流过程中造成的农产品损耗，特别是生鲜农产品损耗严重。由于很多农产品都采用常温运输，且包装多为纸箱或泡沫箱，使得我国的生鲜农产品在流通环节的损耗高达20%～30%[①]。传统物流过程不仅造成农产品损耗，同时会造成农产品质量水平的下降。二是农产品流通过程中不规范操作造成的农产品质量安全问题。部分不法企业在农产品收购、存储、运输过程中过量使用保鲜剂和防腐剂，造成农产品有害物质残留过量。三是部分不法经营者违规销售变质食品或假冒伪劣食品，严重危害消费者的身体健康。

9.1.2 农产品质量安全问题的内在原因

农产品本身的内在属性以及我国农产品市场结构是产生农产品质量问题的内在原因。

9.1.2.1 农产品的信任品属性诱发农户机会主义行为

长期以来，经济学研究将农产品视为同质的，认为农产品市场可以近似看作完全竞争市场（李功奎和应瑞瑶，2004）。但现实中，农产品质量信息在农户与消费者之间以及农户和其他生产经营者之间是不对称的。信息不对称必定导致信息拥有方为谋取自身更大的利益而使另一方的利益受到损害。基于信息不对称理论，纳尔逊（Nelson，1970）、达比和卡尼（Darby & Karni，1973）将商品划分为搜寻品、经验品和信任品三类。搜寻品在购买之前即可知道其特征；经验品需要在购买并消费后才可知道其特

① 我国生鲜农产品流通损耗率是发达国家的5倍？［EB/OL］. 搜狐网，http：//www.sohu.com/a/151102725_170950，2017-06-22.

征；而信任品即使在购买并消费后也难以判断其特性。在自然生产方式下，农产品具有典型搜寻品的特征，即质量差异较小。现代生产方式对农产品内在质量影响很大，特别是化肥、农药、饲料等的大量使用，已经使农产品的质量属性具备经验品和信任品的特征。质量的隐匿性一方面使消费者无法获得有关农产品质量的信息或者获取信息成本高昂；另一方面降低了其农户质量投入的动机，增加了农户机会主义行为发生的可能。当消费者无法对农产品质量进行辨别时，农户选择生产低质量产品的短期和长期预期收益均高于生产高质量产品的收益，因此农户存在生产低质量产品并按高质量产品价格出售的机会主义倾向，甚至实施“明知不可为而为之”的败德行为。在某些地区，使用高毒农药、重金属含量高的化肥以及无视农药安全间隔期已经成为默认的“行规”，成为一个区域农户的共同行为。由此可见，农产品的信任品特征诱发农户实施机会主义行为，从而成为造成农产品质量安全问题的重要原因。

9.1.2.2 农产品市场结构造成农户质量投入动机不足

根据贝恩（Bain，1959）提出的结构—行为—绩效（SCP）范式，市场结构对卖方行为有着重要影响。我国的农产品市场结构总体上是一个买方垄断的二元市场，表现为农产品的直接买方不是最终消费者而是中间商，在农产品首次销售中，数量众多且分散经营的农户面对的是数量较少的买方；在最终销售中，数量较少的卖方则面对众多的、分散的消费者。在这种情况下，农民议价能力较弱，处于不利的市场地位，增加产量、保证数量、提高收益往往成为农户的第一选择。

（1）小农生产方式下农户的盈利需求。单个农户是农业产业链上的弱势群体，对其所生产出的农产品基本没有定价权，中间商往往以极地的价格收购农产品获取暴利，致使农户的利益无法得到保护，因此其缺乏安全生产的动力，有时还会采取机会主义行为谋求短期的利益。以西奥多·舒尔茨为代表的理性小农学派认为，市场机制中，农户家庭经营的目的同样是追求最大利润。农产品数量和农产品质量是一对矛盾。减少化肥、农药、生物产品的使用，带来的可能是产量的降低。对于农户来说，放弃产量增加而保证质量是不切实际的，而且质量的提高未必能够带来预期的收益。因此，在农户的经济利益没有发生根本改变的条件下，其自身生产的小规模性、经营的分散性、资金技术力量的薄弱性决定了单个农户更看重数量指标。

（2）农产品生产流通中的质量制度供给不足。我国农产品的收购大多数是在产地完成，由于农户生产规模小、相对分散，且组织化程度低，很难直接与消费者或大宗批发商交易，首次销售一般是由批发商或食品企业在产地直接向农户采购。由于单个农户生产的农产品数量少、种类多、标准化程度差，给批发商、农业企业检验检测农产品质量带来巨大成本。现实情况是中间商或企业通常只检查农产品的大小、色泽等直观属性，很少对农药残留量等进行技术性检测。另外，我国企业和公共农产品质量检测供给存在明显不足，全国食品生产企业中仅有1.2%的企业具备食品添加剂、生物毒素、农兽药残留、微生物等全项目检测能力，5.1%的企业具备有毒有害物质分析检测能力，23.3%的企业具有有限的常规质量检测能力。[①] 农村基层农产品质量公共检验检测资源匮乏，无法实现对农产品质量的全面检测，很多农产品都是农民自行送检。由于公共规制和企业质量检测的供给不足，机会主义行为成为农户的普遍选择，造成农产品质量投入动机不足。

（3）两头分散的市场结构中无法发挥声誉机制作用。由于生产端大量农户的分散经营，使得声誉机制对农户行为的约束力较弱。在农产品市场中，每一个农户都是无数市场供给者之一，需求方对单个农户的身份辨识度极低，每一次交易都可视为非重复博弈，农户行为对其长期收益和关联收益的影响较小，声誉机制对农户的约束力较弱。消费者无法通过声誉激励机制对生产

---

① 蔡木易．仅23.3%食品企业具有常规质量检测能力［EB/OL］．中国经济网，2012-06-14.

低质量产品的农户进行惩罚，因此，每一次交易都可视为非重复的一次博弈，生产低质量产品并以高价出售将是农户的最优决策。

9.2 农产品供应链的协同质量管理

供应链协同管理思想已经引起了国内外理论界和企业界的广泛重视，取得了很多研究成果。1995 年，沃尔玛（Wal-Mart）、华纳－兰伯特（Warner-Lambert）等 5 家公司联合研究并实施了基于供应链协同管理思想的协同计划、预测和补货（CPFR），实现客户服务与库存之间平衡关系的改善。李（Lee，2000）认为供应链成员间通过协同重新配置决策权、工作流程及资源，可以带来更好的绩效。拉森（Larsen，2000）提出了供应链合作的内容，包括联合计划、联合产品研发、信息交换和整合信息系统、长期合作及风险收益共享。西马图庞等（Simatupang et al.，2002）提出了供应链协同的四个模式，即物流同步、信息共享、集体学习和合作激励。拉森等（Larsen et al.，2003）提出两个或多个供应链成员协同的策略，包括联合决策促销活动及同步制订预测计划。阿克曼斯和保罗·博杰德（Akkermans & Paul Bogerd，2004）建立了供应链协同的理论模型，证明了供应链各节点企业的联合努力、信任和透明度是实现供应链协同的关键要素。希尔和奥马尔（Hill & Omar，2006）提出供应链成员在联合决策生产计划的基础上，通过联合最小化运作成本和收益共享实现协同。国内学者也对供应链协同进行了很多研究。张翠华等（2005）提出供应链协同管理的研究主要涉及战略层协同、策略层协同和协同技术三个方面。于晓霖和周朝玺（2008）提出提高供应链协同效应的途径主要是职能层的信息、资金和库存的协调以及战略层的信用和依赖因素。曾文杰和马士华（2010）从供应链关系形成的角度，建立了供应链协同影响因素及相互关系的假设模型，提出沟通和信任对协同运作的影响最为重要，并以信息共享、同步决策和激励联盟作为指标对协同效应进行评价。

在农产品供应链协同研究方面：肯·格里姆斯代尔（Ken Grimsdell, 1996）以蔬菜为研究对象，分析了以生产商为核心的农产品供应链协同问题，提出了生产商与零售商之间建立有效农产品供应链的条件，主要包括：战略联盟、沟通能力、生产运作能力、生产柔性、持续供给能力以及质量控制能力。简·巴尔曼和阿希姆·斯皮勒（Jan Bahlmann & Achim Spiller, 2008）以德国的猪肉供应链为案例，研究了生鲜农产品供应链协同与食品安全之间的关系，并提出了农产品供应链的协同模式，包括信息共享、集体学习、沟通以及统一市场。国内学者针对中国农产品市场现状进行了一些研究。邓若鸿等（2006）提出了以农产品批发市场为中心的协同商务模式，主要包括：建立批发市场间信息采集与交换网络，打造整个流通体系的信息共享平台；建立农产品流通的协同计划和预测模式。许金立和张明玉（2011）将农产品供应链的协同方式分为战略层协同、战术层协同及操作层协同三个层次。其中，战略层协同主要包括文化认同、目标统一、协同决策、风险分担、收益共享等内容；战术层协同是战略层协同的实施；操作层协同是通过协同技术的使用为协同战略的实施提供共享与沟通平台。谭丹和朱玉林（2011）提出了农产品绿色供应链的协同战略，具体包括观念协同、制度协同、关系协同、资源协同、流程协同、技术协同、信息协同。彭建仿（2011）分析了基于供应链协同的农产品质量安全路径创新，提出了基于质量安全的农产品供应链协同模型，其中协同的驱动因素包括利益共享、资产专用性、依赖程度、接触频率、相互信任、理念融合（质量安全意识、合作意识等）、信息共享、知识共享等因素。徐良培、李淑华和陶建平（2011）认为签约农产品的专用性是供应链协同的重要影响因素。具体而言，产品的专用性越强，供应链协同机制的效果越好。陈灿和罗必良（2011）根据我国农业龙头企业与农户间合作的特点，从关系治理角度提出了农产品供应链合作的关键因素，包括：信任、企业伦理、互惠、互动强度。

9.2.1 基于质量安全的农产品供应链协同机制

与制造业供应链相比，农产品供应链被认为整体上处于一种“弱集成”局面和“粗放集成模式”（张晟义，2004）。在现有“公司+农户”模式中，企业与农户之间多为交易关系，短期行为和对策性行为普遍存在，对订单合同的履行率较低，农户与企业之间没有形成长期稳定的合作伙伴关系。当前，我国农业生产方式仍是以大量分散的个体农户经营为主，面对快速变化的农产品价格和品种信息，个体农户应接不暇，有关具体品种的种植情况、销售渠道、价格发现、讨价还价等的信息非常匮乏，很多信息对农民来说是不可获得或不可确认的，或者获得与确认所需费用非常高昂（刘凤芹，2003）。与之相对，龙头企业较农户有更强的市场驾驭能力，农户由于缺乏组织性且信息不灵通，在与龙头企业的谈判中经常处于弱势地位，而龙头企业凭借组织、规模、信息等优势侵占农民利益，由此造成的结果是双方均采取对策性行为，相互之间无法建立信任。同时，由于农产品价格的波动性和市场环境的复杂性，造成了农户与龙头企业之间交易的不确定性，出于对利益的追求，双方均有较强的违约动机，采取追求短期利益的机会主义行为，进一步加剧了双方之间的不信任程度，使得交易关系的持续性难以保证。

供应链协同管理可以有效解决上述问题，供应链协同要求各节点企业通过公司协议或联合组织等方式结成一种网络式联合体，节点企业可动态地共享信息、紧密协作、向着共同的目标发展。对于农产品供应链来说，通过协同管理可以缓解农产品供应链失调和“牛鞭效应”，提高供应链运作效益和经济收益，有助于克服双重边际效应，实现龙头企业与农户的双赢。农产品供应链的协同要有相应的机制作保障。笔者基于文献综述中的分析，总结了国内外学者对供应链协同及农产品供应链协同关键要素的相关研究成果，提炼出了五个关键协同机制，分别是收益共享、信任、协同决策、信息共享和沟通，具体如表9-1所示。

表9-1　　基于文献提炼的农产品供应链协同关键机制

项目	文　　献	收益共享	信任	协同决策	信息共享	沟通
供应链协同	兰伯特等（Lambert et al.，1999）	√				
	拉森（Larsen，2000）	√		√	√	
	李（Lee，2000）			√		
	西马图庞等（Simatupang et al.，2002）	√			√	
	拉森（Larsen et al.，2003）			√		
	阿克曼斯和保罗·博杰德（Akkermans & Paul Bogerd，2004）		√		√	
	希尔和奥马尔（Hill & Omar，2006）	√		√		
	于晓霖和周朝玺（2008）		√	√		
	曾文杰和马士华（2010）		√	√	√	√
农产品供应链协同	简·巴尔曼和阿希姆·斯皮勒（Jan Bahlmann & Achim Spiller，2008）				√	√
	许金立和张明玉（2011）	√		√	√	√
	邓若鸿等（2006）			√	√	
	彭建仿（2011）	√	√		√	√
	陈灿和罗必良（2011）	√	√			√

资料来源：笔者整理。

9.2.1.1　收益共享机制

农产品供应链主体间形成利益共享、风险共担的经营机制是农产品供应链发展的本质，也是提高农民进入市场程度的核心和关键所在。小农户要融入农产品供应链必须解决两个问题：一是他们的结合能否产生合作剩余；二是合作剩余如何分配。如果“公司+农户”的结合能够产生合作剩余，那么，如何分配合作剩余就成为二者结合的关键。对于农户来说，不但要承担专用性资产投资风险，在与龙头企业的利益博弈中也往往处于弱势地位。在单次博弈情况下，农产品供应链成员往往会陷入“囚徒困境”，行为主体在短期利益驱动下实施机会主义行为满足其利益最大化目标。具体表现为农产品供应链上游提供以次充好的原材料，下游支付给供应商劣质原料的价格，如此无法实现供应链中的食品安全。

以西奥多·舒尔茨为代表的理性小农学派认为，市场机制中，农户家庭经营的目的同样是追求最大利润。在农产品供应链中，要使行为主体共同为食品安全的目标而努力，关键在于利益驱动与利益分配的合理性。为此，必须建立农产品供应链的收益共享机制，把简单的买卖关系变成利益调节关系，使农产品供应链主体间形成风险共担、收益共享的经济利益共同体。一方面，要将高质量产品产生的品牌溢价收益在农产品供应链上下游行为主体之间合理分配，保证供应商的质量改进会获得相应的回报；另一方面，当农产品供应链中的弱势供应商如农户受到市场环境变化或不可抗力的冲击时，核心企业应从供应链整体利益和长期发展出发保障供应商的合理利益。

9.2.1.2　信任机制

信任机制是供应链主体之间合作的基础和关键。在供应链合作关系中，信任是一方对另一方的积极预期，通过观察了解对方的言行相信另一方不会采取机会主义行为（Robbins，2002）。农产品供应链的关系不稳定性导致供应链主体间缺乏信任，在利益的驱动下容易发生机会主义行为。信任是农产品供应链行为主体进行质量合作的关键和基础，对保障食品安全具有重要意义。信任机制的建立需要农产品供应链成员的相互了解与熟悉，依赖于相关的及有限的过去经历。信任的建立应可以通过以下两种方式：一种是威慑，即对不合作者采取“投桃报李”或“冷酷战略”，例如，百胜餐饮集团对供应商实行食品安全一票否决制，只要被抽检到一次不合格，就将被取消供应商资格；另一种是通过关系治理或关系专用性投入使农产品供应链行为主体间形成一种相互依赖、互惠互利、共同发展的心理契约，从而建立起彼此之间的信任。

9.2.1.3 协同决策

处于供应链中的任何企业决策模式应该是基于开放信息环境下的群体决策模式。供应链管理实践中实施合作规划、预测、决策具有重要价值。对于农产品供应链来说，包括农户、龙头企业在内的供应链成员决策信息的来源不再局限于其自身，而应是在开放的信息网络环境下不断进行信息交换和共享，通过供应链协同决策提高整个供应链的效率和绩效。协同决策的内容涉及上下游节点间的需求预测协同、生产计划协同、物流协同、库存协同和销售与服务协同、质量控制协同等。基于食品质量控制的农产品供应链协同决策包括以下三方面：

（1）质量保证能力协同。解决食品安全问题需要农产品供应链上所有成员的共同参与。农产品供应链每一个成员的质量保证能力都将在很大程度上影响食品的质量。如果农产品供应链中某一环节的质量保证能力较弱，将影响供应链其他合作伙伴能力的发挥，导致其他合作伙伴质量保证能力的损失。农产品供应链核心企业应对供应商、分销商、物流服务商等合作伙伴进行分类动态管理。对合作伙伴的质量保证能力进行动态评价，按照评价结果对合作伙伴进行分类，对质量保证能力不同的合作伙伴采取不同的质量控制策略。如果合作伙伴的质量管理能力较强，则可以减少控制环节；如果合作伙伴的质量管理能力一般，则应加强质量控制，并帮助其实现质量改进和提高质量管理水平。

（2）质量标准协同。标准化是质量管理的基础。为了实现农产品供应链质量安全，供应链不同主体的质量管理标准的统一和协调十分必要，统一的标准有利于农产品供应链不同主体之间在技术、质量和绩效评价的对接。农产品供应链质量标准协同主要包括三方面内容：技术标准协同，即农产品供应链不同主体的技术具有相互协调性和兼容性；质量管理标准协同，包括技术管理标准、生产组织标准、流通组织标准、业务管理标准等；绩效标准协同，绩效标准协同应立足于农产品供应链整体质量绩效提升，促进供应链不同主体间的合作与协调。

（3）质量组织协同。农产品供应链的质量组织协同要求以质量保障为核心，构建农产品供应链核心企业与供应商和销售商的动态联盟。质量组织协同的本质是联合质量管理，农产品供应链主体共同承担供应链食品安全责任。农产品供应链的质量组织协同包括两方面内容：质量投入协同，即对供应链中的资源配置进行协同，包括对专用性资产的投入安排；质量控制协同，即由农产品供应链核心企业对供应链质量控制权进行配置，明确控制目标、责任和协调机制。

9.2.1.4 信息共享

质量信息不对称是食品生产者从事机会主义行为的内生激励。在农产品供应链中，农户对农产品农药残留的信息掌握程度要好于加工企业和中间商；而对于生产工艺和添加剂的使用等信息，加工企业要好于销售商；对于消费者对高质量食品的识别能力和支付意愿等信息，销售商显然要好于前两者。在这个过程中，农产品供应链行为主体对不同类型信息的掌握程度有优劣之分，任何一方为了一己私利而隐匿食品安全信息，都会影响整个供应链食品安全目标的实现。信息共享机制是农产品供应链协同管理的基础，有利于供应链成员间理解对方的决策与行为，减少投机性行为，信守质量合作愿景，建立长期合作导向，提高供应链的整体竞争力。为保证整个农产品供应链质量安全，供应链核心企业应对不同主体的质量信息进行集成，创建信息共享平台，使供应链各节点在质量信息的掌握与利用上实现同步，提高质量信息的可靠性和利用率。

9.2.1.5 沟通

沟通对协同的影响非常显著，在协同运作中有战略性的作用，信息共享倾向于具体运作过程，而沟通更侧重于组织及人员间的关系上。沟通不良是导致冲突的最主要原因（Thomas & Schmidt，1976），因此合作双方必须进行有效沟通。对于农产品供应链来说，沟通可以提升企业与农户之间的人际关系水平、降低交易成本和交易风险、促进信息共享、增进相互信任，有利于形成长期稳定的交易关系，共同加强质量控制。由于农户经营分散，信息获取成本更高，且理性程度比企业更为有限，因此在农产品供应链中，有效沟通的主导方只能由核心企业担任。陈灿等（2010）认为，龙头企业与农户之间较强的互动，会使农户对龙头企业表现出各种正面情绪，包括感恩、承诺程度更高等。首先，龙头企业应与农户共同商讨合理的利益分配机制，建立长期合作导向；其次，龙头企业应多渠道收集农民意见，及时主动与农民化解矛盾；最后，龙头企业应与农民分享企业生产经营和市场信息，就共同发展目标达成一致意见。通过有效沟通，获取农民信任，建立长期稳定的供应链合作关系，共同致力于食品质量的提升。

9.2.2 基于质量安全的农产品供应链协同模式

迈厄尔和琼斯（Mighell & Jones，1963）提出供应链纵向协作包括市场交易、合同生产和纵向一体化三种基本形式。斯派克曼等（Spekman et al.，1998）将供应链合作关系的发展分为四个层次，即纯粹交易关系、合作、协调和协同，其中，后三个过程即为供应链关系发展的C3行为。本书将食品安全视角下的农产品供应链协同分为战略联盟、外部资源管理和纵向一体化三种模式。

9.2.2.1 战略联盟

战略联盟是现代产业发展与激烈的市场竞争的产物，与传统的充满敌对关系的买方—卖方关系不同，战略联盟通过增加相互信任、共享信息和统一目标等方法，取得双方共同的持久利益而形成一种长期合作的关系。本书中的战略联盟是指建立在长期战略合作关系基础之上，供应链成员间拥有连续稳定的交易，且各方均通过专用性投资维持合作关系的合作组织形式。战略联盟的建立对于农产品供应链的质量改进具有重要意义。通过战略联盟，供应链中的核心企业与较少数优质供应商形成长期交易和相互依赖的关系，可以减少农产品供应链中的不确定性及机会主义行为或“敲竹杠”行为，增强行为主体质量投入的动机。以麦当劳的供应商管理为例，麦当劳的核心竞争力之一就是与一级供应商的联盟关系。麦当劳不直接面对原料商，而是通过管理供应商来控制上游原料品质。在供应商看来，麦当劳是他们“亲密的合作伙伴”，麦当劳与冷冻薯条供应商辛普劳、冷链物流服务供应商夏晖已经有了数十年的稳定合作关系，麦当劳严格的品质管理理念早已深入供应商的心中。

9.2.2.2 外部资源管理

马士华和林勇（2000）较早地提出了外部资源管理的概念，其核心是由事后把关转变为事中控制。其思想强调合作关系的建立、参与供应商的产品设计和质量控制、协调供应商计划、为供应商质量改进提供支持。农产品供应链下游主体不能把所有的质量提高责任都交给上游主体，而应采取合作的态度共同提高产品质量。外部资源管理实际上是通过提供资源增加对上下游产品的控制，核心企业有权指定或监督供应商的生产过程，控制关键投入品的使用。农产品供应链协同中的外部资源管理是指核心企业参与上游供应商的质量控制过程，为上游供应商质量改进提供支持，双方建立起一种互惠互利的合作关系。

9.2.2.3 纵向一体化

纵向一体化是指一个企业同时控制更多供应链系统的产品生产或营销阶段。威廉姆森（Williamson，1985）认为纵向一体化是建立在层级关系的基础之上，受上下级之间的层级关系控制，属于内部管理，控制程度最高，交易双方之间相互依赖、信息开放式流动以及利益共享。纵向一体化是最有利于质量控制的农产品供应链协同模式，对资源配置及生产控制的程度最高，可以有效降低交易成本，减少信息不对称问题对质量的影响。以广东温氏集团的肉鸡产业链为例，在初级生产端，公司依靠其成熟的“公司+农户”模式为产业链下游提供安全的产品原料。公司通过统一种苗、统一饲料、统一防疫、统一管理、统一销售，分户饲养的“五统一分”模式控制养殖源头的质量安全，并做到全过程监控。在加工环节，建立了HACCP质量管理体系，保证加工过程的食品安全。在运输销售环节，实施全程冷链配送，确保流通过程中的产品质量。

9.3 农产品供应链核心企业的质量协同管理策略

农产品供应链是一个复杂系统，供应链上每个环节的质量管理和控制都会直接影响到食品安全。由于农产品供应链的关系不稳定性、信息不对称性及双重边际性特点，行为主体往往会陷入“集体行动”的困境，即理性的供应链主体不会采取行动以实现供应链的共同利益，解决这一问题的有效方式是成员异质性和选择性激励。在供应链中，能够凭借自身的资源和竞争优势而将其他配套主体吸引在自己周围，形成协调一致的网链结构的企业称之为核心企业。核心企业一般具有较强的市场竞争力和品牌资源，在供应链中最具资源动员能力、信息收集处理能力和沟通能力。因此，食品安全视角下的农产品供应链协同是以核心企业为中心进行的战略性质量协作，建立起统一、标准的食品质量保证体系。农产品供应链质量协同控制过程中，不断地激励合作伙伴改进质量、提升质量保证能力尤为重要。供应链合作伙伴的质量改进意愿与核心企业的质量协同策略密切相关，农产品供应链核心企业应采取以下策略，增强供应链成员的质量改进动机，保障供应链食品安全。

9.3.1 质量激励策略

9.3.1.1 跨期支付机制

农产品供应链行为主体间的合作关系不稳定性会促使参与人实施机会主

义行为，追求短期利益最大化。供应链食品安全实际上是供应链行为主体在不对称信息条件下博弈和利益均衡的结果。以下两种原因导致供应商提供劣质产品或原料：一是质量信息不对称。在非长期合作预期下，由于质量信息的不对称，追求短期利益最大化的机会主义行为成为上游供应商的最优选择；二是非合作预期影响。在农产品供应链中，核心企业一般拥有更多的控制权，上游供应商如进行质量改进的专用性投入，就会面临被“敲竹杠”的风险，加之违约成本较低，高价出售低质产品成为其最优选择。跨交易周期的支付机制是一种将短期交易利得长期化的有效方法。在基于质量保障的跨期支付机制约束下，供应商会增强其质量控制的动机和自律行为，因为供应商的收益受当期产品质量和以往产品质量的双重影响，以往的机会主义行为不仅会减少其当期收入，还会失去合作伙伴，违约成本较高。

9.3.1.2 违约惩罚机制

奥尔森（2011）认为，除非一个集团中人数很少，或者除非存在强制或其他某些特殊手段使个人按照他们共同的利益行事，有理性的、寻求自我利益的个人不会采取行动以实现他们共同的或集团的利益。在双重边际效应的影响下，部分供应链成员的机会主义行为会损害农产品供应链的整体利益，难以实现食品安全的目标。为此，要保证农产品供应链中的行为主体提供安全产品必须设计质量违约惩罚机制，提高供应商的违约成本。在农产品供应链中，对于关键原料供应商应实施质量安全“一票否决”制，一旦违约提供劣质原料即列入“黑名单”，在长时间内终止其供应商资格。同时在供应契约设计中，应增加违约惩罚力度，使得违约惩罚会远超其非法所得，迫使供应商始终提供质量安全的产品。

9.3.1.3 信号传递机制

一般来说，食品质量的信息属于供应链行为主体的私有信息，核心企业要想掌握这一信息必须进行质量检测，但全面的质量检测会带来成本的急剧上升。斯宾斯（Spence，1974）和莫里斯（Mirrlees，1999）的研究表明，通过实施信号机制可以自动地区分开优质品的供应商和劣质品的供应商，原因在于对于这两类供应商来说，传递“产品为优质品”的质量信号的成本是完全不同的。根据“斯宾斯—莫里斯条件”，农产品供应链中的质量信号传递机制可以通过实施“质量保证金”制度来实现。优质品供应商会主动传递愿意缴纳“质量保证金”的信号，因为他们自信其产品质量优良，销售后保证金会如数退还；而低质品供应商则不愿意发出支付“质量保证金”的信号，因为他们知道他们的产品在销售后保证金无法得到返还。正是由于优质品供应商和劣质品供应商在发送支付“质量保证金”信号时成本的巨大差异，理性的供应商会做出不同选择，使供应商对于产品质量的私有信息有效地传递给了买方，实现了信息不对称环境下买方对卖方产品质量的有效识别。

9.3.2 合作伙伴管理策略

9.3.2.1 合作伙伴选择策略

核心企业可以根据供应商、分销商或物流服务商的质量管理水平、产品或服务质量水平等供应链质量管理要求选择合作伙伴。根据成员企业质量信息评价系统提供的信息调整合作伙伴。按照质量管理评价结果和合作伙伴的重要性程度，核心企业可以对食品供应链合作伙伴实施分类管理，将合作伙伴分为战略伙伴关系、紧密合作关系、一般关系、合同关系和买卖关系，对于不同的合作关系，核心企业应提出不同的质量保证要求。一般来说，供应链合作关系越紧密，对质量保证体系的相容性和互补性要求也就越高，以保证合作企业质量系统与核心企业质量系统深层次的融合。

9.3.2.2 供应链成员质量评价策略

核心企业通过收集和统计食品供应链成员企业的质量问题与质量改进业

绩，对供应链成员企业的质量控制和质量改进行为进行评价。根据成员企业的质量行为和质量业绩，对其采取激励或惩罚措施，如淘汰、提高或降低供应商级别。通过质量评价激励供应链成员提升质量控制绩效，保证供应链质量控制目标的实现。

9.3.2.3 供应链质量信息集成策略

核心企业应构建农产品供应链质量信息集成系统，该系统的功能有三个：一是收集、分析、整理、存储来自食品供应链各成员企业以及最终用户的信息；二是承担质量信息查询与发布职能，方便食品供应链成员企业质量信息共享；三是将收集到的质量信息经集成后及时反馈给供应链成员企业，特别是将需要进行产品或服务质量改进的信息传递给相关企业。

9.3.3 农产品供应链协同质量管理技术策略

基于食品安全的农产品供应链协同离不开技术的支撑，技术体系可以有效提升农产品供应链协同质量控制的效率和效果。农产品供应链协同质量管理的技术支撑体系包括质量控制技术和相关信息技术。

9.3.3.1 质量控制技术

一是危害分析和关键控制点（HACCP）。HACCP是食品质量控制的重要手段，HACCP是食品国际贸易中重要的卫生标准。HACCP技术是基于食品安全管理问题的一个简单的方法预防常识和逻辑控制系统（Sara Mortimore，2001）。二是质量可追溯系统（traceability system）。可追溯系统为食品供应链中生产者与其他参与者之间的互动提供平台，以满足消费者对食品安全的要求。三是良好生产规范认证（GMP）。GMP规定了持续生产质量安全食品所必需的政策、做法、程序、过程和其他预防措施。四是良好农业规范认证（GAP）。GAP建议了农产品种植、收获、包装和储存等农业生产过程中减少微生物污染的做法。农产品供应链协同质量管理的技术支撑体系具体如表9-2所示。

表9-2　　农产品供应链协同质量管理的技术支撑体系

序号	技术	描　述
1	危害分析和关键控制点技术（HACCP）	（1）执行危害分析 （2）确定关键控制点（CCPs） （3）为每一个关键控制点设定临界值 （4）监控和控制每一个关键控制点 （5）建立关键控制点超过临界值后的纠正措施 （6）建立HACCP的验证系统 （7）建立文件系统
2	质量可追溯系统（traceability system）	（1）绘制农产品供应链的流程图，包括种子、饲料和原料等物质输入来源 （2）任命负责追溯系统的质量主管 （3）实施HACCP技术 （4）定义食品供应链中每一步必须记录和追溯的信息 （5）开发标签系统 （6）测试可追溯系统
3	良好生产规范认证（GMP）	（1）食品制造场所的卫生规范 （2）食品生产机械的卫生规范 （3）工厂和设备的消毒和清洗程序 （4）食品加工中的卫生和安全措施，包括供应商质量保证、生产过程操作卫生规范、食品安全人员卫生规范、病虫害防治、水和空气控制、劣质产品的返工和召回程序、废物管理、可追溯性和标签系统、运输系统等
4	良好农业规范认证（GAP）	（1）灌溉水质量 （2）种植场所环境 （3）危险物质使用的要求 （4）产品储存和运输 （5）无病虫害生产 （6）生产中的质量管理 （7）收获以及收获后的处理 （8）数据记录

资料来源：笔者整理。

9.3.3.2 质量控制信息系统

质量控制技术的实施需要信息系统的支撑。农产品供应链协同质量管理信息系统应包括食品质量信息的收集、分析、追溯、风险预警、信息发布等功能。一是信息收集。全面收集农产品生产、加工、流通、零售环节的质量信息，实现供应链的集成化、无缝化质量控制；应用无线射频身份识别技术（RFID）、地理信息系统（GIS）、食品质量快速检测技术等实现对农产品供应链的全过程追踪。二是信息分析和预警。应用大数据、云计算等技术对农产品供应链数据进行分析，建立质量安全风险预警以及快速响应机制。三是信息发布和服务。建立食品安全的查询与服务平台，使农产品供应链中的相关主体可以实时查询质量信息，实现食品安全信息的共享共用。

第 10 章 契约型农产品供应链关系管理

供应链合作关系可以定义为供需双方在一定时期内共享信息、共担风险、共同获利的一种战略协议关系。由于农产品供应链长且复杂、成员多且分散、信息共享成本较高，造成农产品供应链合作风险和机会主义行为倾向较大，加强农产品供应链成员间的关系管理对于提升供应链的交易稳定性、农产品质量安全水平、建立双赢的合作伙伴关系具有重要意义。

10.1 农产品供应链关系

10.1.1 农产品供应链中的商品交换

农产品供应链组织是由农产品生产者、加工商、贸易商、零售商间建立的契约关系或供应链联盟。对于农产品来说，其交易关系可以分为三种类型：一是市场交易关系；二是契约型交易关系；三是纵向一体化关系。

10.1.1.1 市场交易关系

市场交易关系是一种由市场主导的交易关系，由交易双方约定农产品的成交价格。在市场交易关系中，农产品的供给和需求通过市场机制实现，农产品生产者将产品卖给市场，农产品需求方从市场中买进这些农产品，农产品生产者与需求者之间只存在买卖关系。在大多数情况下，农产品生产者同需求者之间存在多次交易，双方交易一旦完成，银货两讫，就不再存在关联。

10.1.1.2 契约型交易关系

契约型交易关系包括市场契约关系、生产契约关系以及战略合作关系①。其中，市场契约关系又可以称为销售合同，在市场契约中，负责销售的契约方仅负责农产品的销售，不参与农产品生产者的生产过程。生产契约关系又可以称为生产合同，在生产契约中，农产品生产者除了将农产品销售委托给销售签约方之外，还会将农产品生产过程中的生产资料投入的决策控制权以及生产风险部分或全部地转移给销售签约方。战略合作关系又可以称为横向一体化关系，战略合作关系一般是围绕农产品供应链的核心企业来构建。农产品供应链核心企业通过契约形式把农产品供应链不同主体联系起来，促进农业小生产与大市场间的有机衔接，实现农产品供应链的一体化运作并建立长期的合作伙伴关系。这些契约型关系中，市场契约的交易关系比较不稳定，生产契约的交易关系比较稳定，更容易形成紧密的利益连接；战略合作关系有利于激励供应链成员，减少交易中的不确定性和机会主义行为。

10.1.1.3 纵向一体化关系

纵向一体化又可以称为垂直一体化，是指供应链核心企业以产权为纽带在供产销方面进行纵向渗透或者扩展，目的在于降低交易成本。农产品供应链的纵向一体化可以把农产品产供销的各个环节一体化为同一个产权组织，实现供应链核心企业与农产品生产者的紧密利益连接。在纵向一体化关系中，

---

① 李季芳，冷霄汉．基于节点关系视角的我国农产品供应链研究［J］．吉林大学社会科学学报，2016，56（1）：45－53.

组织内部的科层管理取代了市场行为，可以实现对供应链进行最有效的控制。纵向一体化虽然可以降低交易成本，但却增加了内部监督成本。

10.1.2 农产品供应链中的关系交换

从交易成本理论视角来看，商品交换的组织形式会受到资产专用性、交易频率和不确定性的影响，由此来决定商品交换是采取市场交易、中间性组织或纵向一体化（企业组织）的形式，其目的在于降低商品交换中的机会主义行为，以降低交易成本，但却难以解释供应链主体间的情感、信任、依赖等要素对供应链中主体行为的影响作用。格兰诺维特（Granovetter，1985）认为经济主体是“嵌入”到社会结构以及关系网络之中的，会根据其主观目的做出行为决策。为此，对于农产品供应链来说，其主体间不仅存在经济交易关系，还存在社会交往关系。农产品供应链不同主体在基于合同的持续商品交换中，通过信息的不断交流实现彼此间的认识以及再认识，这种信息包含了供应链不同主体之间所有的过往交易经历、社会关系背景以及交易主体对未来的预期。这种对交易主体的认识和再认识会直接影响供应链中未来的交易。

在农产品供应链形成初期，供应链节点间的信息沟通较少，主要以契约关系维系交易。随着重复交易的开展，节点企业间的信息沟通不断加强，彼此间的信任、互惠、依赖程度也不断加强，逐渐形成了关系规范。关系规范可以提升农产品供应链的交易稳定性和运行绩效，这种关系规范在保证交易方面有时甚至会超越正式契约。因此，农产品供应链不同主体间的关系交换不仅是建立在正式契约基础之上，还会拓展到以无形的感情、承诺、信任为基础。关系交换还可以追溯到以往的交易过程及未来交换的预期，反映的是一个长期持续的过程。

10.2 我国契约型农产品供应链的关系属性

农业产业化对于破解农业“小生产”与“大市场”矛盾及推进产业融合

具有重要意义，以龙头企业为主体的产业化组织在辐射带动现代农业发展中发挥了重要作用。契约方式是农业产业化中最重要的利益联结方式。然而，由于农业生产和市场的较大不确定性，使得农业契约具有典型的不完全契约特征（聂辉华，2012）。农业契约的不完全性和交易方的机会主义行为，致使“公司+农户”模式存在内在的履约障碍，即使引入了农民合作社或大户，也很难从根本上缓解这一缺陷（周立群和曹利群，2001）。现实中，企业或农户的违约现象屡见不鲜。这里面既有企业的主观欺诈性违约或客观性违约，也有由农户逐利心理和监督不力带来的违约；既有企业或农户直接拒绝履约，也有企业提高收购标准或农户私下降低农产品质量等变相违约，导致契约型农产品供应链无法实现效率最优。

10.2.1 农户—龙头企业之间是一种“不对称性依赖”

供应链合作伙伴关系对农产品供应链的绩效有着重要影响，包括影响交易的稳定性、农产品质量控制、供应链成员间的相互信任。在契约型农产品供应链中，公司与农户是一种非对称的依赖关系，农户更多处于弱势方的地位（许景和王国才，2012）。当前，我国农民的组织化程度仍然较低，小农户的利益容易被大公司所剥夺，“公司+农户”模式下的“订单”和“契约农业”进行的是权力极不平等的交易，实质上是不平等的垄断，或近乎垄断对弱势的关系（黄宗智，2012；浦徐进等，2014）。这种不对称性依赖会产生“不对称权力”，从而成为渠道冲突产生的重要原因（Casciaro T & Piskorski M J，2005；Palmatier R W & Dantr P，2006），由此造成供应链成员利益不一致，供应链中关系稳定性和相互信任程度降低（Heide，1994）。不对称性依赖会使强势方更容易使用强权控制弱势方（Weitz & Jap，1995），从而提高强势方对弱势方的机会主义行为发生概率（Morgan & Hunt，1994），弱势方对强势方的信任也会因而跟着降低（Kumar et al.，1995）。

10.2.2 “不对称性依赖”会加剧农户的风险感知

相互依赖不对称使弱势方难以保护自己的利益，增强其不安全感和对强势方的不满及猜疑，进而导致弱势方加剧对强势方机会主义行为的感知，不对称依赖程度越大，弱势方对强势方的机会主义感知就越强。在不对称性依赖关系下，不论强势方有无实际做出机会主义行为，弱势方都将更易感知到强势方的机会主义行为风险（Kumar et al.，1995）。同时，在缺乏相互信任和承诺的条件下，投资方担心接收方掠取的程度会随着专用性投资的增加而增加（Hwang，2006）。在我国，由于农户生产规模小，龙头企业与农户之间很难形成供应链内部的力量均衡，在这种权力不平衡的格局中，农户容易产生“不公平感知”和被龙头企业“敲竹杠”的担忧，从而导致农户降低生产投入标准和机会主义行为（浦徐进等，2013，2014）。

10.2.3 不对称性依赖下契约型农产品供应链的关系治理

根据交易成本理论，一方投资专用性资产容易导致另一方采取机会主义行为而获取准租。由于契约的不完全性，当交易者在交易中需要进行较高程度的专用性投资或专用性投资程度不平衡时，投资方就会面临被对方“敲竹杠”或攫取“可占用性准租金”的风险，而一旦预期到这种可能的“敲竹杠”行为，投资者在事前就会投资不足（Benjamin Klein，1978；浦徐进等，2013）。在契约型农产品供应链中，农户要投资土地、劳动力等专用性资产，从而面临被龙头企业“敲竹杠”的风险（符少玲和孙良媛，2015；浦徐进等，2013）。由于农户承担风险的意愿和能力都较低，其对能够创造“组织租金”的关系专用性投资特别是对人力资本专用性投资存在较强的抵触情绪，导致公司与农户之间的契约关系很难是长期、稳定的（徐忠爱，2008）。因此，当农户要进行较高的专用性投资时，龙头企业需要回应农户降低被“敲竹杠”风险的保护需求（胡新艳，2013）。

买卖契约中规定的合同赔偿金并不能有效制止违约行为，只有交易者进行大量专用性投资之后，其违约成本提高，才能有效降低违约的可能性。合作双方共同投资的互补性战略资源可以抑制交易伙伴的机会主义行为，维护合作关系（Williamson，1991；刘婷和刘益，2012）。对于契约型农产品供应链来说，基于互补性资产的双边依赖可以有效抑制公司或农户的机会主义行为（符少玲和孙良媛，2015）。“公司 + 农户”联盟实现稳定的一个必要条件就是双方互为察觉对方为合作而投资的专用性资产，这种专用性投资在某种程度上成为显示双方合作强度信号的抵押品（万俊毅和欧晓明，2010）。公司和农户间相互进行专用性投资有利于合作契约的自我实施，提高缔约效率，稳定契约关系（徐忠爱，2009）。威廉姆森（Williamson，2002）曾将治理模式分为三种，即市场制、混合制和等级制。专用性投入和纵向一体化正相关，即当资产专用性程度增加时，混合制与等级制会优于市场制，当资产专用性程度很高时，等级制将成为首选（Carter R & Hodgson G M，2006；David R J & Han S K，2004）。周俊和薛求知（2009）认为交易专用性投入的治理机制包括法律规制型、组织管理型、经济制约型和关系导向型四种，但不同的情境下应选择不同的治理机制。相关研究表明，在依赖程度不对称的交易关系中，依赖性较强的交易者不太适宜采用纵向一体化（Heide & John，1988），但可以选择准一体化（Subramni & Venkatraman，2003）或弥补型专用性投资（Heide & John，1988）来抑制对方的机会主义行为。企业的市场势力也会影响专用性投资所带来的机会主义风险，如果企业具有高市场势力，即使进行了较高程度的专用性投资，也不必选择等级制或纵向一体化模式（Shervani et al.，2007）。在契约型农产品供应链中，随着龙头企业专用性投入的增加应伴随更多的契约治理（陈灿，2013），但在契约治理中，关系规范可以有效降低交易成本，抑制农户可能的机会主义行为（万俊毅，2008；张闯等，2009）。

10.3 契约型农产品供应链关系稳定性的实证研究

家庭联产承包责任制改革奠定了我国以农户家庭为基本生产单元的农业生产组织形式。逐步推进的农副产品市场化改革，使大部分农副产品实现了市场交换。两项改革的深化使得“小农户、大市场”的矛盾开始出现并逐渐尖锐起来。在此背景下，契约农业作为一项新的市场组织形态快速发展起来。契约农业是指在农户进行农业生产之前，企业或中介组织与农户签订具有法律效力的产销合同，在合同中确定农户与企业的权利与义务关系，农户按照合同要求组织生产，企业或中介组织按照合同收购农产品的一种农业经营形式。契约农业于 20 世纪 30 年代兴起于欧美地区，是很多发达国家农业发展的基本模式之一，其在节约生产及交易成本、促进农业标准化等方面具有不可替代的优势。据统计，2008 年我国有农业龙头企业 8 万多家，到 2014 年，农业龙头企业的数量超过 12 万家。目前，以龙头企业为主体的产业化组织辐射带动种植业生产基地约占全国农作物播种面积的六成，带动畜禽饲养量占全国的 2/3 以上，带动养殖水面占全国的八成以上，成为农业生产和农产品市场供应的骨干力量①。在农业产业化的各种利益联结方式中，契约方式为主要形式。相比于农户对契约农业的高接受度，履约率却一直较低，实践中，农户与龙头企业间的合作关系很不稳定，渠道冲突屡见不鲜。契约型农产品渠道中关系不稳定性的主要原因是龙头企业与农户之间缺乏信任，双方对彼此的机会主义行为都有较高的预期，合作中弱势方容易产生不公平感。这种不稳定的合作关系带来的结果必然是履约率较低和低质量履约，农户或龙头企业更加看重自己的短期利益，从而放弃了长期合作可能带来的潜在收益。本书将关系稳定性定义为契约农业中龙头企业与农户为了实现共同利益而结

① 我国农户参与产业化经营年户均增收 3000 多元 [EB/OL]. 新华网，http://news.xinhuanet.com/2014-11/24/c_1113381688.htm，2014-11-24.

成的一种长期稳定的合作关系。增强契约型农产品渠道中农户与龙头企业的关系稳定性不仅有利于提升契约农业的履约率，对于稳定农产品市场供应和提升农产品质量水平都具有重要意义。

在契约型农产品渠道中，农户与龙头企业之间是一种不对称性依赖关系，农户更多处于弱势地位。这种不对称性依赖会使强势方更容易使用强权加强对弱势方的控制（Weitz & Jap，1995），从而提高强势方机会主义行为发生的概率（Morgan & Hunt，1994），也会降低弱势方对强势方的信任（Kumar，Scheer & Steenkamp，1995）。在不对称依赖关系中，弱势方会增加对强势方的机会主义行为感知，无论强势方是否实施了机会主义行为，从而降低弱势方在渠道关系中的承诺水平，增加双边冲突的可能性（Kumar，Scheer & Steenkamp，1995）。农户与龙头企业之间的关系不对称，会降低农户的履约积极性，引发农户的投机行为，从而降低渠道关系的稳定性（浦徐进等，2014）。韦茨等（Weitz et al.，1995）提出企业对合作伙伴机会主义行为控制的方式主要权威、合同和关系规范三种。任星耀等（2009）提出在不对称依赖关系下，强势方的专用性投资、沟通、明确的合同、私人关系和弱势方参与均有助于提升渠道关系质量。刘凤芹（2003）指出，信息不完全和投资的专用性是影响公司和小农户之间契约不稳定的主要原因。陈灿等（2007）认为龙头企业与农户间的渠道关系治理模式应由正式的合约和关系治理两种手段构成。田敏等（2014）提出私人关系可以降低农户与企业之间的冲突和农户违约倾向，提高农户续约意愿。郭新明等（2014）提出加强对订单农户的教育、规范订单合同文本、健全订单农业信贷抵押担保机制、优化财政资金扶持可以有效提高订单合同履约率。王亚飞等（2014）认为“保底收购、随行就市”的价格条款、农产品的专用性、要求农户进行专用性投资或预付保证金、深入交往建立的信任有利于增强龙头企业与农户间契约关系的稳定性，提高履约率。蔡文著和杨慧（2014）构建了以“心理契约”为基础的龙头企业—农户渠道关系治理机制，龙头企业与农户之间要建立利益共享机制、有效沟通机制、信任机制、农户心理感知形成与发展的引导机制。综上所述，已有研究基本上是从经济学尤其是交易成本经济学以及社会学两个视角对农户与龙头企业间的关系治理问题进行分析，并提出了很多对策；但依然存在的高违约率及契约农业中的农产品质量安全问题告诉我们，单一的合同治理或单一的关系治理都无法克服现有契约型农产品渠道中交易关系不稳定及交易质量不高的问题。签于此，本书从整合治理的视角来分析契约农业中的交易关系稳定性问题，将合同治理和关系治理同时纳入一个整合分析框架之中，通过实证研究分析契约型农产品渠道中龙头企业—农户间关系稳定性的影响因素及改进对策。

10.3.1 研究假设

基于合同治理与关系治理结合运用的整合治理方式会比单独使用一种治理方式产生更好的效果。在调研分析的基础上，综合相关学者的研究成果，本书将龙头企业专用性投资、明确的合同及有效沟通纳入龙头企业—农户关系整合治理的分析框架，认为以上三者对增强契约型农产品渠道关系稳定性具有重要影响作用。其中，本书中的专用性投资是指交易专用性投资或者关系专用性投资，属于关系治理范畴；明确的合同属合同治理范畴；有效沟通属关系治理范畴。

10.3.1.1 渠道关系稳定性

稳定的渠道关系要求企业与渠道中的合作伙伴发展密切的交互关系（刘益等，2009），渠道成员间相互信任、承诺、相互依靠，且都有长期合作的期望。稳定的渠道成员关系不仅有利于节约交易成本，同时可以使渠道成员正确认知自己的角色任务（Gundlach et al.，1995）。在不确定性的环境下，稳定的渠道关系是制造商和经销商收获利润的重要条件（彭雷清和李泉泉，2010）。格德等（Kirti et al.，1999）认为关系稳定性包括两个维度：一个是关系双方对待关系的态度；另一个是关系经历的时间长度。田敏等（2014）

提出农户的违约意愿及农户在下一期的续约意愿是衡量契约型农产品渠道交易关系稳定性的重要方面。

10.3.1.2 专用性投资与渠道关系稳定性

专用性投资一般是指用于某一特定关系的专业化投资，一旦关系破裂，会给投资方带来巨大的沉没成本（Williamson，1985）。专用性投资实质上是一种交易质押物，表达出了投资方的一种诚意，即对合作伙伴的承诺和维系合作关系的意愿；接受方可据此来保障自己的利益，从而增加其合作意愿（Anderson & Weitz，1992；Fein & Anderson，1997；周俊和薛求知，2009）。企业在交易关系中投入的专用性投资增多，就会更大程度地被锁定在特定的关系之中，从而表现出一种保持合作关系的强烈愿望（Lui et al.，2009）。斯卡梅斯等（Skarmeas et al.，2008）的研究结果表明：企业的专业化投资能增加合作伙伴感知的关系质量。万俊毅和欧晓明（2010）提出“公司 + 农户”联盟实现稳定的一个必要条件是双方互为察觉对方为合作而投入的专用性资产，这种专用性投入在某种程度上成为显示双方合作强度信号的抵押品。

由此，本书提出以下假设：

H1：龙头企业专用性投资可以提升龙头企业—农户关系稳定性。

10.3.1.3 沟通与渠道关系稳定性

沟通即个体或群体之间相互传递信息并相互影响的过程。沟通有助于合作伙伴间关系的稳定和发展（Mohr & Nevin，1990），沟通不良是导致冲突的最主要原因。在农产品渠道中，及时有效地沟通可以减少交易风险和交易成本（万俊毅等，2009），提升企业与农户之间的人际关系水平，促进信息共享，增进相互信任，有利于形成长期稳定的交易关系。蔡文著和杨慧（2014）认为农户感知的龙头企业违背承诺，在很大程度上源于双方在合作过程中的沟通不畅以及对某些信息的误读。

沟通有两层意思，即分享和达成共识。本书将龙头企业与农户之间的沟通分为两类：一是正式沟通，目的在于建立信息有效共享机制。中国的农民是分散的个体农民，大量分散的个体农民对市场瞬息万变的价格和品种信息应接不暇，对于农户来说，很多信息是不可获得或不可确认的，或者获得与确认所需费用非常高昂（刘凤芹，2003）。赵晓飞和李崇光（2007）提出良好的信息共享是龙头企业—农户间建立稳定渠道关系的重要条件之一。二是非正式沟通，目的在于建立良好人际关系。中国人历来重视人际关系的发展和利用。费孝通（1998）曾指出中国社会的基层格局呈现出“差序格局”，是一个“一根根私人联系所构成的网络”。在中国农村，社会关系依然呈现出“特殊主义”特征，亲缘关系、地缘关系在农村生产生活中具有重要作用，人情和面子是调节社会关系的重要因素（林聚任等，2007）。农户对“自己人”和“外人”会采取不同的行事原则，农户与龙头企业及龙头企业边界人员间良好的私人关系可以降低契约型农产品渠道中的冲突水平和违约倾向，提高农户的续约意愿（田敏等，2014）。陈灿等（2010）认为，龙头企业与农户之间较强的互动，会使农户对龙头企业表现出各种正面情绪，包括感恩、想回报、承诺程度更高等。

由此，本书提出以下假设：

H2：沟通可以提升龙头企业—农户关系稳定性。

10.3.1.4 明确的合同与渠道关系稳定性

威廉姆森（Williamson，1985）的研究指出，在存在投资专用性、不确定性和绩效评估难度大等特征的联盟关系中，必须规范合约内容或进行垂直合并来降低交易成本。明确的合同不仅要求在合同中规定渠道成员的责任、义务，也要规定对机会主义行为及强制终止合同的惩罚（Cannon，Achrol & Gundlach，2000）。如果合同设计时没有有效解决订单双方市场权利不平衡的问题，没有很好的风险分摊机制，龙头企业和农户很可能不会具备持续发展这种契约关系的动机。乌伊茨和盖斯肯（Wuyts & Geyskens，2005）提出明确的角色定位可以减少合作伙伴违反承诺的概率，同时能够减少合作方隐匿重要信息的可能性。正式的合同载明了交易主体对交易原则和过程达成的协议及履行协议的承诺，在一定程度上可以降低交易风险，保证交易的长期性（万俊毅等，2009）。规范的合同会使合约方在签约时更加谨慎，努力获取相关信息和学习合约的知识并规范合同条款，提高订单农业的履约率（刘凤芹，2003）。王爱群等（2007）提出，依据龙头企业—农户的交易特性设计合理的合同条款，可以抑制投机性，降低违约率。郑少红等（2013）认为增强契约的权威性，对于龙头企业—农户之间发展良好的合作关系具有重要作用。

由此，本书提出以下假设：

H3：明确的合同可以提升龙头企业—农户关系稳定性。

基于上述分析，本书构建研究理论模型如图 10－1 所示。

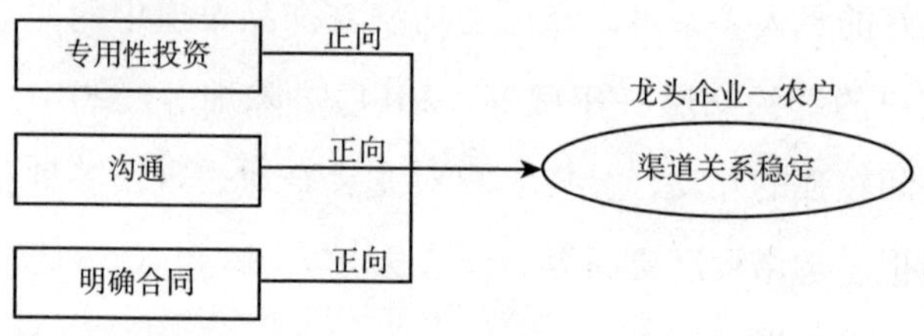

图 10－1 理论模型

10.3.2 研究方法

10.3.2.1 抽样与数据收集

本书以龙头企业—农户间的契约型渠道关系为研究对象，在山东省、天津市选取参与契约型交易的农户为调查对象。委托天津农学院经管学院本科生在其家乡开展调研，正式调研前对参与调研的同学进行了培训，严格筛选每一个调查对象（农户、合作社）以符合研究背景要求。调研共发放问卷 160 份，回收问卷 149 份，其中有效问卷 129 份，有效回收率为 86.6%。

10.3.2.2 变量的测量

理论模型中的变量无法直接度量，因此本书将每个变量转化为若干可观测变量，实现结构变量的量化，进而运用可观测变量的数据进行分析。量表设计采用李克特（Likert）五点法，分值代表着农户对每一问题所述内容的认同程度，1代表非常不同意，5代表非常同意。所有量表都是参照其他学者研究采用过的，测量指标的信度和效度有较好保证。

首先，对专用性投资的测量参考安德森和韦茨（Anderson & Weitz，1992）的研究，表现龙头企业在技术、培训等方面对农户的支持程度；其次，对沟通的测量参考史密斯和巴克利（Smith & Barclay，1997）及李和道斯（Lee & Dawes，2005）的研究，表现龙头企业与农户之间的信息共享和人际关系建立的程度；再次，对明确的合同维度的度量参考勒斯克和布朗（Lusch & Brown，1996）的研究，反映对合作各方的职责、义务及对可预见的突发事件的处理措施等规定的明晰程度；最后，对关系稳定性的度量参考格德等（Kirti et al.，1999）及田敏（2014）的研究，反映农户对合作伙伴的态度及对下一期续约的意愿。

10.3.2.3 数据质量分析

（1）信度检验。

本书应用SPSS 17.0软件对问卷数据的信度与效度进行分析。Cronbach's α信度系数是比较常用的信度系数，根据农纳利（Nunnally，1978）的分析，Cronbach's α 大于0.9则说明信度非常好；Cronbach's α 在0.7～0.9之间则说明信度较高；Cronbach's α 在0.35～0.7之间是中等信度；而Cronbach's α 在0.35以下则说明信度较低。科隆巴赫（Cronbach，1951）认为当CITC值小于0.5时，通常就删除该测量项目，但也有学者认为0.3符合要求（卢纹岱，2002），本书以0.3作为净化测量项目的标准。应用SPSS 17.0对因变量和自变量信度分析的结果如表10－1所示。

表 10－1　　变量信度分析结果

潜变量	Cronbach's α 值	测量变量	CITC 值	删除该指标 Cronbach' α 值
专用性投入	0.564	企业会将先进的技术和方法向我们推广（Q1）	0.399	0.422
		企业会定期对我们进行技术培训（Q2）	0.363	0.482
		企业在设施使用方面给我们支持（Q3）	0.364	0.478
沟通	0.658	企业会与我们分享生产能力规划、未来发展、新技术、市场需求等信息（Q4）	0.472	0.567
		当存在分歧时，企业会与我们坦诚对话（Q5）	0.437	0.592
		企业工作人员经常对我们的生活给予关心与帮助（Q6）	0.389	0.623
		企业工作人员把我们当作朋友对待，我们之间有人情往来（Q7）	0.460	0.578
明确的合同	0.570	合同中明确规定各方应承担的责任（Q8）	0.375	0.483
		对违约条件和违约惩罚做出了明确的规定（Q9）	0.366	0.490
		对突发事件的补救措施做了明确的规定（Q10）	0.403	0.435
渠道关系稳定性	0.501	相信龙头企业会遵守承诺（Q11）	0.342	—
		下一期愿意续约（Q12）	0.342	—

如表 10－1 所示，所有潜变量的 Cronbach's α 信度系数均符合要求，所有测量变量的 CITC 值均大于 0.3，说明问卷信度较好。

（2）效度分析。

本书研究问卷的测量项目均来自相关研究文献，具有理论基础，能够满足内容效度的要求。结构效度方面，本书应用因子分析来检验问卷的结构效度。首先应用 KMO 样本测度与巴特利特球体检验判断样本是否适合做因子分析。一般来说，KMO 在 0.8 以上，很适合做因子分析；KMO 在 0.6 以上，适合做因子分析；KMO 在 0.5 以下，不适合做因子分析（马庆国，2002）。巴特利特球度检验统计值的显著性概率小于等于 0.05 时，可以做因子分析。本书的 KMO 值为 0.757，且巴特利特球度检验统计值的显著性概率为 0，符合因子分析的条件。如因子分析的碎石图（如图 10－2 所示），前 4 个变量的特征值均大于 1，因此提取 4 个变量做因子分析比较合适。

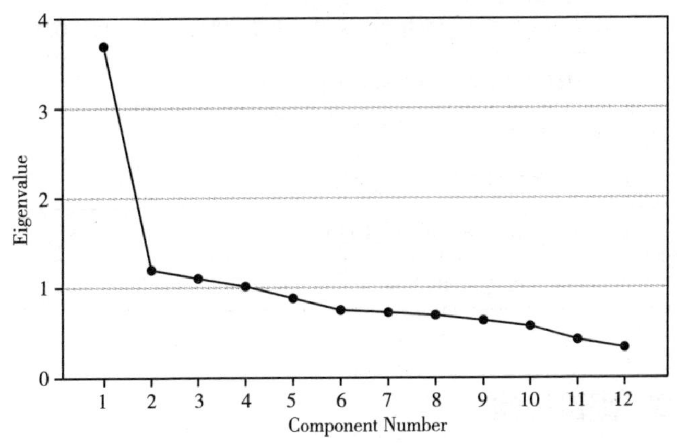

图 10－2 因子分析碎石图

本书运用主成分分析法做因子分析，一般来说，特征值大于 1.0，得到正交转换后的因子载荷矩阵所有测量项目不存在交叉载荷现象，且因子载荷大于 0.4，则表明该量表具有良好的内部结构（陈晓萍、徐淑英和樊景立，2008）。如表 10－2 所示，问卷中所有测量项目的因子载荷均大于 0.4，且 4 个因子的累积方差解释率达 58.41%，说明该问卷构念效度较高，具有较好的内部结构效度。

表 10－2 潜变量的效度分析

潜变量	测量变量	载荷系数
专用性投入	企业会将先进的技术和方法向我们推广（Q1）	0.483
	企业会定期对我们进行技术的培训（Q2）	0.852
	企业在设施使用方面给我们支持（Q3）	0.561

续表

潜变量	测量变量	载荷系数
沟通	企业会与我们分享生产能力规划、未来发展、新技术、市场需求等信息（Q4）	0.795
	当存在分歧时，企业会与我们坦诚对话（Q5）	0.466
	企业工作人员经常对我们的生活给予关心与帮助（Q6）	0.600
	企业工作人员把我们当作朋友对待，我们之间有人情往来（Q7）	0.614
明确的合同	合同中明确规定各方应承担的责任（Q8）	0.619
	对违约条件和违约惩罚做出了明确的规定（Q9）	0.467
	对突发事件的补救措施做了明确的规定（Q10）	0.784
渠道关系稳定性	相信龙头企业会遵守承诺（Q11）	0.768
	下一期愿意续约（Q12）	0.711

10.3.3 假设检验

10.3.3.1 研究模型的检验

本书应用结构方程模型来研究不可直接观测量（潜变量）与可观测变量之间关系以及潜变量间的关系，对理论模型进行验证。应用 LISREL 软件进行分析，确定模型的拟合程度。对模型中参数的 LISREL 拟合度估计结果，如表 10－3 所示。

表 10－3　研究模型的拟合度分析

项目	绝对适配指标				增量适配指标		
	$\frac{\chi^2}{df}$	RMSEA	GFI	AGFI	NFI	IFI	CFI
标准	<2	<0.1	>0.85	>0.85	>0.85	>0.85	>0.85
估计值	1.774	0.078	0.90	0.84	0.84	0.91	0.90

如表 10－3 所示，大部分拟合优度检验指标都符合或十分接近理想标准的要求，所以，研究模型是适合于分析的模型。

10. 3. 3. 2　研究假设的检验

应用 LISREL 软件，通过极大似然法对理论模型中的参数进行估计，完全标准化后的参数估计结果，如图 10－3 所示。

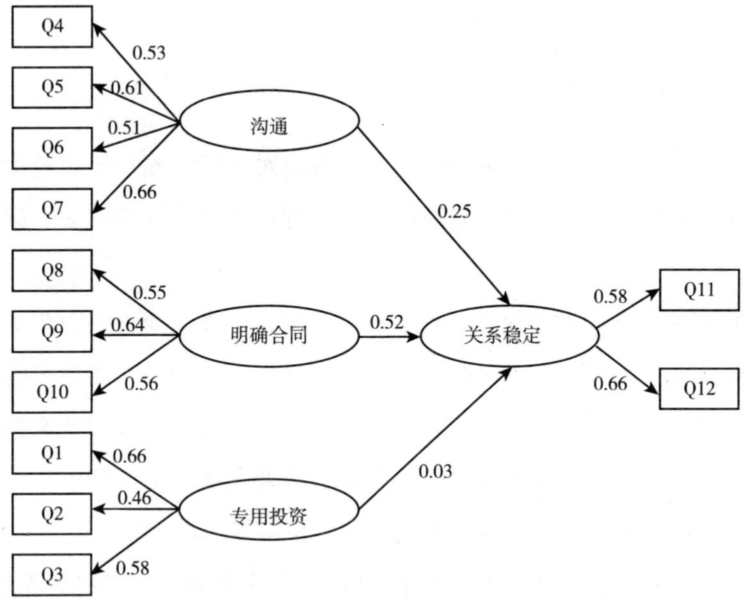

图 10－3　研究模型分析结果

由表 10－4 可知，所有理论假设都被调查问卷得到的数据证实，即龙头企业的专用性投资对龙头企业—农户关系稳定性有着正向影响；沟通对龙头企业—农户关系稳定性有着正向的直接影响效果；明确的合同对龙头企业—农户关系稳定性有着正向的直接影响效果。从路径系数上看，明确的合同对龙头企业—农户渠道关系稳定性的正向影响最大，而龙头企业的专用性投资对渠道关系的稳定性几乎没有积极影响，沟通对于提升关系稳定性具有显著正向作用。

表 10-4　　　　假设及检验结果

假　设	标准化路径系数	P 值	检验结果
H1：龙头企业专用性投资可以提升龙头企业—农户关系稳定性	0.03	0	微弱通过
H2：沟通可以提升龙头企业—农户关系稳定性	0.25	0	通过
H3：明确的合同可以提升龙头企业—农户关系稳定性	0.52	0	通过

10.3.4　结论及启示

10.3.4.1　研究结论

本书基于对参与契约农业的农户的调查，对契约型农产品渠道中的龙头企业—农户关系稳定性及其影响因素进行了理论考察和实证检验。研究结果表明：

（1）明确的合同对于提升契约型农产品渠道中龙头企业—农户的关系稳定性具有最直接的积极作用。在整合治理框架下，合同治理依然是提升契约型农产品渠道关系稳定性的基础。不管是正式文本合同或是口头合同，在合同中所界定的剩余分配及风险管理机制是农户及龙头企业之间维系交易关系的基础约束，同时也是农户或龙头企业是否参与契约农业的前提。

（2）沟通可以提升契约型农产品渠道中龙头企业—农户的关系稳定性。在整合治理框架中，沟通对改进龙头企业—农户交易关系稳定性的作用主要体现在通过建立道德约束和信用约束促进农户和龙头企业双方高质量履约。通过正式沟通实现龙头企业与农户之间的信息共享，通过非正式沟通使双方建立起一种特殊的“私人关系”，其目的均在于建立一种相互信任机制，通过“自我实施契约”来保证契约的履行。

（3）龙头企业的专用性投入对改进龙头企业与农户之间的关系稳定性无显著贡献。这一点与制造业供应链中的渠道关系情况不同，任兴耀等（2009）通过对汽车行业的研究发现，强势方的专用性投资可以弱化或抵消不对称依赖对关系质量的负面影响。本书认为，造成上述研究结果的原因可能是龙头企业与农户间的交易持续性不高。罗坎等（Rokkan A et al.，2003）的研究表明，买方专用性投资对卖方机会主义行为的影响会随关系持续性的不同而发生改变，当关系持续性较高时，买方的专用性投资有利于降低卖方的机会主义行为，而当关系持续性较低时，买方的专用性投资可能会带来相反的作用。为此，龙头企业的专用性投资应建立在长期稳定交易的基础之上，并且有相应的风险化解机制，如支付保证金等。

10.3.4.2 研究启示

为了提高契约农业的履约率，增强契约型农产品渠道中龙头企业—农户交易关系的稳定性，引导双方建立长期、稳定、共赢的合作关系，基于前文的实证研究结果，为我们提供了如下启示：

（1）加强合同管理，创新农户履约的约束激励机制。契约型农产品渠道中农户或企业违约的根本原因是利益问题。以西奥多·舒尔茨为代表的理性小农学派认为，市场机制中，农户家庭经营的目的同样是追求最大利润。由于“蛛网效应”的存在，农产品的价格波动成为一种常态。当市场价格高于契约价格时，农户就有较强的违约动机。为此，应在合同设计时创新履约的约束和激励机制。一是建立履约的外在约束机制，将合同履约与农户信贷支持及贷款定价联系起来，或者采取收取履约保证金的方式降低违约风险；二是建立履约的内在激励机制，可采用保底价合同或事后协商机制，激励农户的履约行为，对于大宗农产品来说也可以应用“点价模式”，农户在交货后一定期限内自由选择某一时点的价格进行结算，由此建立起龙头企业与农户间的双赢合作模式。

（2）重视沟通，彼此间建立心理契约。在中国农村，由于土地资源无法移动，农民长期处在相对封闭的社会情境（家庭、宗室、族群）之中，尽管近年来农村流动人口大量增加，但家族伦理、文化信仰、传统习俗等行为规范依旧会制约农民的行为，这种地缘关系约束及小农经营形式形成了农村特色的社会规范和价值标准。龙头企业在与农户对接的过程中，双方必须理解和认同彼此的期望或信念，在内心形成一套隐性的权利与责任协议即心理契约。为此，一是要建立科学合理的利益分配机制和利益冲突化解机制，通过制度安排促进重复博弈过程的形成，建立长期合作导向；二是提高农民在契约农业中的决策参与度，通过参与使农民能够在经济层面寻求己方权益的同时，还能在心理层面上获得控制感，从而增强其对合作过程的满意度；三是提高龙头企业的管理水平，加强对企业人员尤其是经常与农户接触人员的管理，引导他们与农户建立良好的私人关系，获取农民信任，同时引导农村经纪人成为龙头企业与农户联系的重要纽带，在加强沟通降低冲突中发挥重要作用。

（3）加强对契约型农产品渠道的监管，创造良好的外部环境保障。我国农户数量庞大且分散，任何企业与大量小农户的联结都会产生巨大的交易成本。政策和社会环境对契约型农产品渠道中的龙头企业—农户关系稳定性具有重要影响。为此，相关政府部门和机构应承担监管契约型农产品渠道的责任，保障渠道主体的利益。一是进一步完善法律法规体系，针对我国契约农业的特点，以现有《中华人民共和国合同法》和《中华人民共和国农产品质量安全法》为基础，出台适用于契约农业的、操作性强的实施细则；二是制订合同示范文本，规范合同形式、合同主体和合同内容，并指导农民签约，同时，通过广泛宣传增强农户的法制意识和市场主体意识；三是建立健全渠道冲突的调解和仲裁机制，加强对契约农业实施过程的监督，提升监管部门的监管能力；四是开展合同备案登记，引导企业和农户将订单合同副本送到主管部门备案，保障当事各方的合法权益。

第11章 推进农产品供应链创新的对策建议

现代农业已经不是单一的农业产业，而是一个第一、第二、第三产业融合的范畴，现代农业已经形成了从上游到下游的完整的产业链条。现代农业产业链的主导者，已经呈现从生产环节向加工环节，进而向流通环节转移的趋势，这种转移有利于提高农业产业链的整体竞争力和价值增值能力。农业发展应该将该链条中的所有环节视作一个有机整体，注重每一个环节的协同发展，以市场为导向，优化生产要素投入和资源配置，形成产供销一体化的供应链模式。加快农产品供应链创新，增强农产品现代流通体系的服务功能，有利于规范农产品价格、有效配置农业资源、促进农民增收及满足消费者需求。在推进乡村振兴的大背景下，农产品供应链创新对于促进农业产业振兴具有重要意义。为此，应加大对鲜活农产品供应链创新的政策支持力度，本书提出以下政策建议。

11.1 完善农产品供应链监管的法律法规体系

法律和政策等外部环境的好坏直接影响到我国农产品供应链体系的发展，农产品供应链政策直接作用于农产品流通阶段和渠道，深刻影响着农产品价格和农业产业链的利益分配。为此，应站在整个农业产业链的高度，综合考虑农产品供应链在现代农业发展中的重要作用，建立和完善农产品供应链监管的法律法规体系。

健全的法律法规是农产品供应链体系正常运行的制度保证。这里主要包括两方面内容：一方面，从建立和完善统一开放、竞争有序的农产品流通市场体系出发，在市场准入、市场行为、市场价格等方面加强立法；另一方面，从完善行业立法和制度的角度出发，制定有关农产品供应链的行业规划、行业标准等，尤其是加强涉及农产品质量安全标准体系的相关法规制度建设。一是完善政策引导和风险预防性法律。由于我国农业生产的小规模、分散性特点，小农户往往处于信息弱势地位，难以获得市场需求的准确信息或获取信息的成本较高，由此造成了农户种植与市场需求的不匹配，进而造成农产品价格的大幅度波动。为此，应进一步完善政策引导和风险预防性法律，在农业信息、农业保险等方面不断优化。二是完善农产品市场交易的法律法规。农产品流通需要对交易过程的法律保障。从国际经验看，许多国家都围绕农产品交易问题，对农产品的整个流通过程进行了规范。如此，有利于保障农产品的正常交易行为，调节供需、促进公平交易，维护市场秩序的稳定性。为此，应不断完善农产品交易的法律法规。三是继续完善规范农产品市场主体的法律法规。完善针对农产品批发市场、农贸市场等农产品市场主体的法律法规，在市场准入、经营条件、交易品种、标准、违规处罚、税收等方面做出明确规定。

11.2　加快培育新型农业经营主体

新型农业经营主体是推动农产品供应链创新的主导力量，具有组织功能、示范功能和服务功能，既能在农产品供应链创新中发挥主导作用，又能通过与农户之间的利益连接，带动和支持普通农户参与供应链创新。国务院办公厅发布的《关于积极推进供应链创新与应用的指导意见》指出：“鼓励家庭农场、农民合作社、农业产业化龙头企业、农业社会化服务组织等合作建立集农产品生产、加工、流通和服务等于一体的农业供应链体系，发展种养加、产供销、内外贸一体化的现代农业。”由此可见，新型农业经营主体在农产品供应链创新中的重要引领作用。发挥新型农业经营主体的引领作用，关键在于加强对新型农业经营主体发展的引导和培育。根据不同类型农业经营主体的特点，明确不同主体在农业生产发展、农产品供应链效益改进、品牌及市场竞争力提升等方面的组织功能，提高资源的配置效率。

11.2.1 继续加快推进农民合作社发展

农民合作社是一种互助性经济组织，本质上是“弱者的联合”。农民合作社作为新型农业经营主体在促进农业规模化经营、增加农民收入方面作用显著。农民合作社提升了农户生产经营的组织化程度，可以为农户带来更多的潜在收益，包括农产品溢价、降低交易成本和风险、减少信息不对称、提升渠道权力等。但潜在收益并不能通过“农户的简单联合”就得以实现，它受合作社的内部管理与外部环境双重影响。市场环境、政策环境等外部环境决定了合作社获得潜在收益的成本和难度。当前，尽管我国农民合作社数量快速增长，但发展质量还有待提升。截至2015年年底，我国登记注册的农民合作社已达153.1万家，实际入社农户10090万户，约占农户总数的42%，但并不是所有农民合作社均发挥了其应有的作用。《经济参考报》记者在安徽、吉林、黑龙江、湖北等省的调研发现，部分合作社已经按照“现代企业”治理理念进行管理，但大部分合作社内部管理混乱、管理和技术人才短缺，且存在很多“空心社”和“挂牌社”，制约了规模化经营效应和农业现代化。对农民合作社的发展加强政策支持和规范引导，有利于增强农产品供应链参与主体的整体素质，提高供应链的运行效率和效益。为此，应加强对农民专业合作社服务体系和能力建设的支持力度，鼓励其在促进农产品供应链协调、整合中发挥重要作用。

一是加强对农民合作社规范性发展的引导。鼓励和支持农民合作社进行农产品标准化生产、打造农产品品牌、建立农产品质量可追溯体系；支持农民合作社延长农业产业链条、参与创办农产品加工企业，提升农产品的附加值；鼓励和支持农民合作社创办物流中心、农产品自营直销店，直接参与农产品物流与销售，使农民获取更多的收益。二是培育农民合作社企业家和新型职业农民。探索以政府购买服务方式，整合利用社会培训资源，培育具有市场意识的农业职业经理人，培养适应现代农业发展需要的新型职业农民，优化农民合作社内部的人力资源结构和质量。三是完善合作社内部治理的组织结构。对于规模较大的合作社，应设立完备的权力机构、执行机构、监督机构，并保证机构的有效运行和职能发挥，实现分权制衡，兼顾效率与公平。社员大会应充分保证成员的参与性，合理界定成员权力并保证权力的有效行使，设计基于“效率—公平”的社员代表制度及附加表决权制度；对于理事会来说，应合理界定合作社理事长及理事的任职资格，明确理事会对理事长的监督权，引入外部专家进入理事会参与经营决策及监督；对于监事会，应明确监事会成员的权利和义务，并设计对监事的激励和约束制度，从而真正发挥其对合作社经营和管理的监督职能。

11.2.2 发挥农业龙头企业在农产品供应链创新中的引领作用

龙头企业大多为农产品供应链的核心，在农产品供应链创新中发挥主导作用。一是继续加强对农业龙头企业发展的财政支持力度。通过政府贴息贷款、财政直接补助等方式加大对农业龙头企业的财政支持力度。加强对农业龙头企业支持资金的整合和管理，形成规模效益，提高财政资金的使用效率。重点支持农业龙头企业生产品牌优质农产品，大型农产品流通企业转型升级，农业绿色发展领域的技术研发。引导和支持龙头企业与农产品种养、农产品加工、农产品物流、农产品销售等农业产业链不同环节的经营主体通过合作、合同等方式进行联结，推进农业小生产与大市场的衔接。二是拓宽农业龙头企业的融资渠道。财政资金支持多是倾向于对产业化经营项目的直接扶持，为此还应拓展农业龙头企业发展的多元化融资渠道。金融机构应创新信贷产品和完善贷款体系，加强对农业龙头企业的金融支持；同时，完善贷款抵押体系，合理扩大农业龙头企业的抵押物担保范围，引入农业龙头企业的保险机制。创造农业龙头企业的上市条件，支持重点领域、信誉良好的重点企业进行资本市场融资。三是完善农业龙头企业与小农户之间的利益联结机制。通过订立契约、股份制、合作制等方式促进龙头企业与小农户的优势互补、利益共享，在带动农业生产、推广农业科技、开拓农产品市场、促进农业生产标准化等方面发挥引领作用，真正发挥龙头企业对农业发展、农民增收的带动作用。

11.2.3 支持家庭农场、种植大户的发展

家庭农场和种植大户在农业生产中发挥着基础性作用，是农产品生产的主力军，是农产品供应链的重要生产源头。为此，应进一步支持家庭农产和种植大户的发展。一是完善财政补贴制度。财政补贴对于提升家庭农场和种植大户的收入、促进其发展具有重要作用。应构建系统性的农业补贴制度体系，促进补贴政策的配合与协调；进一步明确农业补贴的受惠主体，提升农业补贴的精准性和有效性；突出农业补贴制度对农业生产结构调整的重要影响作用；简化农业补贴的申报程序。二是完善税收优惠制度。拓宽税收政策优惠的范围，在促进农业产业化经营、家庭农场或种植大户引入高新和环保技术方面制定税收优惠政策。

11.2.4 促进农业社会化服务的发展

健全农业社会化服务体系一方面有利于解决小农户与大市场间的矛盾，另一方面有利于推进农业现代化建设。一是健全农业市场信息服务。围绕农户生产经营的决策需要，建立健全农产品市场信息采集、分析、发布以及服

务体系，用市场信息引导农户按需生产。二是健全农资供应服务。推进农资电子商务发展，建立信息平台提供种子供求及品种评价信息、农资销售网点布局信息等，为农户科学选种提供服务。发展农药、化肥、兽药的连锁经营、区域性集中配送，支持服务组织开展种子、秧苗等的物流服务。三是农机相关服务。推进农机服务向农业生产全过程延伸，鼓励开展农机租赁服务，鼓励农机服务主体为农户提供“一站式”田间服务。四是农业绿色生产技术服务。鼓励服务组织开展绿色农业技术服务以及农业废弃物资源化利用服务。

11.3 加强农产品供应链的基础设施建设

完善的基础设施是农产品供应链发展的基础。国外经验已经证明，加强基础设施建设有利于农产品供应链运行效率的提升。

鲜活农产品物流平台建设主要包括三方面内容：第一，加强市场化流通服务组织建设，主要包括物流配送服务、储藏保鲜服务、信息服务等市场化组织；第二，支持鲜活农产品流通基地及物流基础设施建设，在鲜活农产品主产区和主销区建设重要商品储备设施、大型农产品流通设施以及农村地区物流配送中心；第三，发展鲜活农产品配送服务，鲜活农产品配送服务可以连接农户、供应商、经销商、超市等农产品供应链的所有节点，农产品配送中心既是商流中心又是物流中心，它对辐射区域内的广大农户和经营业者提供流通、储存、运输等服务。

11.3.1 加强农产品物流基础设施建设

在当前我国的农产品供应链体系中，社会性服务组织功能相对弱化，尤其是物流服务功能更需加强。主要表现为：第一，各物流主体专业化和组织化程度偏低，即使是农民专业合作社也缺乏必要的物流知识，收集加工信息的能力、运销能力和抵御风险的能力较差。第二，物流技术设备落后，鲜活农产品不易储藏，容易腐烂变质，对运输环境和运输的及时性有较高要求，而当前我国鲜活农产品物流的技术和设备相对落后，主要表现在专用运输工具缺乏、运输及存储保鲜技术落后、仓储条件和机械设备差等方面。第三，我国的农产品冷链物流发展还相对滞后，主要表现为冷链基础设施结构不平衡、冷链物流企业参差不齐、冷链物流人才短缺等。据统计，2017 年我国冷库总容量已经达到 4775 万吨，与美国基本持平，但人均冷库占有量仅为美国的 1/4，日本的 1/3；合规的冷藏车数量不多。2017 年，我国蔬菜、水果、肉类、水产品、禽蛋等生鲜农产品的市场规模已经超过 13 亿吨，冷链交易市场规模已经达到 4700 亿元①。湖南某专业合作社出产的蜜橘远近闻名，但由于没有引进冷库等设备，经长距离运输出现腐烂，被很多超市拒之门外。为此，应增强农产品供应链体系中的物流服务功能，加强物流基础设施建设，建立基于供应链的农产品的现代物流平台。应进一步加强冷链物流基础设施建设，推进冷链物流服务发展，满足消费升级的需求。首先，加强农产品供应链重要节点的冷链设施建设。在农产品批发市场、大中城市周边加快建设冷藏设施、农产品低温配送及冷链物流集散中心。其次，推动冷链物流信息化发展。在农产品集中生产区、集中消费区建立冷链物流公共信息平台，优化冷链物流资源配置；提升农产品产地的预冷、低温处理和冷链配送能力。最后，加快冷链物流设施设备的升级。加强温控设备、预冷设备、移动冷却装置、冷链运输工具的研发与技术升级，为提升冷链物流服务效率提供技术基础。

11.3.2 加强农产品产地的流通基础设施建设

一是完善农产品产地的市场体系。加快建设规范化的农产品产地集配中心和田头市场，升级农产品产地的清洗预冷、分等分级、包装、冷藏冷冻、

① 2018 年中国农产品冷链物流发展报告［EB/OL］. 中国物流与采购网，http：//www. chinawuliu. com. cn/zixun/201804/12/330210. shtml，2018 – 04 – 12.

加工配送功能，以减少农产品产后处理不当造成的损失，提升其价值。支持农产品流通基地的基础设施建设，在农产品主产区和主销区建设重要商品储备设施、大型农产品流通设施以及农村地区物流配送中心。二是加快升级传统农产品批发市场体系。以信息化升级和电子结算为中心推进农产品批发市场的数字化升级，进一步完善农产品批发市场的硬件设施水平和管理制度；同时，支持公益性农产品批发市场建设，继续发挥批发市场在农产品供应链中的商品集散中心、价格信息形成中心、物流加工配送中心以及农产品展示中心的重要作用。三是加强农产品配送中心建设。农产品配送服务可以连接农户、供应商、经销商、超市等农产品供应链的所有节点，农产品配送中心既是商流中心又是物流中心，它对辐射区域内的广大农户和经营业者提供流通、储存、运输等服务。为此应加强农产品配送中心建设，发展农产品配送服务，特别是农产品仓配一体化服务。

11.3.3 加强农产品供应链的服务体系建设

一是打造农产品供应链物流园区。加快建设集现代农产品仓储设施及物流一体化运营的农产品供应链物流园区，打造农产品供应链示范基地。二是加快建设农产品供应链公共服务平台。以互联网和信息技术为依托，构建集农产品生产、交易、流通、溯源为一体的农产品供应链公共服务平台，建立健全农村电子商务运营服务体系。三是构建以公益性服务为核心的农村综合服务平台网络。加快益农综合服务平台建设，推进小农户深度融入现代农产品供应链。四是加强市场化流通服务组织建设，主要包括物流配送服务、储藏保鲜服务、信息服务等市场化组织。五是建立健全农产品质量信用体系。由于农产品质量信息不对称，消费者对农产品质量信任水平不高，农产品市场容易出现“市场失灵”。在这种情况下，农产品的质量信息需要由政府或可以信任的中介组织来提供，方能保证市场上农产品质量信息的有效性（Caswell & Mojduszka，1996）。为此，应通过完善信息发布制度、支持农产品品牌建设、完善标签制度和认证体系加快农产品质量信用体系建设。

11.4 推动农产品供应链的信息化建设

信息化是农业现代化的制高点，农产品供应链的发展离不开信息技术的支持。农产品供应链的信息化建设既有利于克服信息不对称、促进农产品产销对接；又有利于促进农产品供应链不同主体间的协同合作，提升供应链效率。

11.4.1 加强农产品供应链的信息采集和公开

目前，我国小经济作物的信息平台建设很不完善，远远落后于大宗农产品，千家万户分散的小农生产，对市场信息把握不准，会出现盲目跟风的问题，进而造成鲜活农产品滞销。政府部门也难以获得相关的生产、销售等环节的真实信息。农民专业合作社把农户组织起来之后便具备了准确把握信息的条件，为此应建立完善的鲜活农产品流通信息平台，减少因信息不对称造成的农产品生产、供应和销售等环节的不确定性。一是加强对农产品供应链的信息采集力度。加强对农产品生产基地、定点批发市场、农贸市场、连锁超市的信息采集力度。构建多样化，互补性的信息采集渠道。二是加强鲜活农产品流通信息网络建设，主要包括信息发布平台、电子农务平台以及监测预警平台。其中信息发布平台建设是要健全覆盖生产、流通、消费的农产品信息网络，及时发布鲜活农产品供求、质量、价格等信息；电子农务平台建设是要建设和完善农产品在线直接交易的网络平台；监测预警平台建设是要完善市场监测和预警机制，加强大中城市鲜活农产品市场监测预警体系建设，提升对农产品价格的监测和预警能力。定期发布重要农产品价格信息，增强价格信息的及时性和农民的可及性。搭建农产品价格监测平台，丰富农产品价格监测系统的基础数据资源，促进监测平台与政府部门数据、农产品批发市场数据的无缝对接，提升对农产品价格波动的预警能力。如此，农产品生产经营主体可以随时获取农产品的实时价格及需求量信息，据此决定生产什么、生产多少、如何销售。三是完善对农产品供应链信息采集的管理制度。规范农产品供应链数据采集的方法、管理机制以及部门间的协同合作机制，加强对数据发布的规范化管理。进一步完善农产品报价指数体系，通过统一权威渠道发布价格指数并做好行业发展评估，使农产品市场供求信息更加准确、农产品产销渠道更加稳定。支持服务组织为农产品生产经营者提供个性化、定制化的信息服务，提升信息服务的有效性和精准性。四是加强农产品流通信息的标准化建设。农产品流通的信息化主要体现在企业通过开发信息系统对鲜活农产品流通信息进行管理和与服务对象建立信息联系上。流通信息化的目标是信息共享和信息传递的无障碍，而目前我国企业信息系统建设自成体系，这些独立的信息系统给信息的共享和传递造成了障碍。因此，必须制定鲜活农产品流通信息发展方面的技术政策，加快农产品流通信息的标准化建设。

11.4.2 推动大数据技术在农产品供应链中的应用

一是利用大数据技术精准预测需求。需求预测是农产品供应链的源头，需求预测直接关系到农产品的生产计划安排、库存水平及订单交付情况。精准的需求预测可以缓解农产品供应链中的信息不对称问题，减少农产品价格波动造成的“菜贱伤农”“菜贵伤民”现象。通过对线上线下农产品销售数据的挖掘分析，精准预测顾客的农产品购买需求，实现需求驱动农产品生产和流通。二是利用大数据技术推进智能化生产。大数据技术使得农业生产过程更加科学，更有效地规避风险和不确定性。通过传感器、卫星图像、无人机等技术实时收集农业生产过程中的各种数据，并将经过计算分析的结果实时发送到农户的智能终端上，使农户可以随时掌握包括土壤、施肥等方面的各类信息，准确分析作物的生产情况，帮助农产品生产者在播种、施肥及收割采摘方面做出科学决策，从而提升生产效率及实现农产品增产。三是利用大数据技术提供农业气象信息。通过对气象、降雨、地质土壤等数据的分析预测对农业生产可能造成的影响，根据预测结果调整农业生产作业活动。同时，大数据技术还可以助力农业保险。如果作物遇到自然灾害，通过卫星遥感技术可以观测到农产品生产者投保的田地实际种植的作物是否在投保范围内，较准确地观测到灾害对作物的具体影响。

11.4.3 加快农产品供应链可追溯体系建设

一是构建农产品供应链可追溯信息平台。以物联网、云计算、大数据、对象标识与标识解析术为支撑，构建覆盖农产品供应链全过程的可追溯平台，该平台应包括农产品质量安全监管系统、农业生产主体信息管理系统、农产品质量安全信息公开系统，同时具有数据连通和信息交换的功能。以农产品供应链责任主体和流向管理为中心，落实生产经营主体的追溯责任，推动农产品供应链上下游主体实施扫码交易，如此既能界定农产品生产经营主体责任，确保供应链全程可追溯，又能保障消费者的知情权。同时，推进国家平台、省级平台、市级平台的互联互通及信息共享，实现各级各类追溯平台与检验检测信息系统、信用管理系统、执法系统、企业内部质量管理体系的信息对接。二是完善农产品供应链可追溯的标准体系。明确不同类型的供应链主体的信息责任，规定农产品生产主体、销售主体、物流服务主体应记录的追溯信息内容，建立目录管理制度；制定追溯信息的记录、保存和衔接规则。同时，完善农产品供应链追溯管理的技术标准。制定农产品分类、编码标识、平台运行、数据格式、接口规范的关键标准，实现农产品供应链追溯的“统一追溯模式、统一业务流程、统一编码规则、统一信息采集”，以实现农产品追溯全过程的互联互通与通查通识。三是加强对农产品供应链追溯数据的管理和应用。加强对农产品供应链追溯数据的应用。将农产品供应链追溯管理与无公害或有机农产品质量认证、良好农业规范认证（GAP）、危害分析和关键控制点（HACCP）等制度相结合，建立基于追溯管理的认证制度及标识制度。加大农产品供应链追溯数据的开发应用。开发智能化的农产品质量安全监测、供应链主体责任定位、流向范围及影响评估、风险应急处置等功能，为企业管理和政府决策提供支持。同时，加强追溯信用监管，确保农产品供应链追溯信息的真实性和有效性，通过技术手段整合供应链不同环节的追溯信息；建立农产品供应链责任主体的失信“黑名单”制度和用户监督机制，将追溯数据作为农产品供应链主体抵押、贷款、担保或贴息、政策及资金扶持的重要评估依据。

11.5 加大对农产品供应链创新的金融支持力度

金融是产业发展的核心和血脉，金融支持是促进农产品供应链发展和创新的重要手段。农产品供应链新模式的发展、基础设施建设、新型农业经营主体的发展都离不开金融支持。

11.5.1 加强对农产品供应链基础设施建设的支持

一是继续发挥政策性金融对农产品供应链基础设施建设的支持作用。政策性金融可设立中长期低息信贷产品，满足农产品供应链基础设施建设的大额、长期的资金需求。二是创新对基础设施建设的金融服务模式。在涉及农产品批发市场、冷链仓库等基础设施建设，货车、搬运装备等大型物流设施设备采购时，建设方或出租方在期初往往需要投入大量资金，可采用融资租赁保理的金融服务模式。三是加强农村道路、供电、供水、电信等基础设施建设的金融支持力度。鼓励商业银行继续加大对农村基础设施建设的信贷投放力度；支持收益好、比较适合市场化运作的农村基础设施建设项目进行股权或债券融资。

11.5.2 加强对农产品流通新业态和新模式的支持

一是加大对农产品流通创新重点领域的金融支持力度。加大对农产品加工企业发展的支持力度，鼓励农产品加工企业前向和后向延伸产业链，组建产业联盟，探索为农产品加工企业提供高端金融服务。开发特色信贷产品，加大对质量兴农、农业绿色发展等领域的金融支持力度。二是积极探索发展农产品供应链金融。鼓励商业银行将农产品供应链核心企业、上游企业、下游企业联系在一起，为其提供灵活运用的金融产品和服务。采用“企业+银行+农户”的模式，把分散经营的农户与市场连接起来，使企业、银行、农户结成利益共同体。三是继续加大金融服务的创新力度。推动信贷、保险、基金、数字金融等多种金融工具的融合使用，在信用评价体系、抵质押手段、业务流程、还款期限、还款方式等方面加大创新力度。

11.5.3 加强对农产品供应链主体的支持

一是组建政策性担保机构，为农产品供应链主体提供担保增信服务，推广“银行+担保公司+龙头企业+农户或合作社”的金融模式。二是支持农民合作社等新型农业经营主体发展农产品贮藏、包装等初加工业务，以及农产品运输、销售等业务。三是合理扩大抵押物范围，积极探索新型农业经营主体的生产设施用地、附属设施用地和配套设施等使用权抵押融资模式。四是加大对农民创业的金融支持，特别是支持大学生、返乡农民工、退役士兵、技术能手领办农民合作社、家庭农场或农业企业，对符合信用贷款条件的主体，可采用信用贷款方式。

参考文献

[1] 安玉发. 重视专业合作社在农产品流通中的作用 [J]. 农村经营管理, 2009 (6): 18-19.

[2] 蔡荣, 马旺林, 王舒娟. 小农户参与大市场的集体行动: 合作社社员承诺及其影响因素 [J]. 中国农村经济, 2015 (4): 44-58.

[3] 蔡荣. 合作社农产品质量供给: 影响因素及政策启示 [J]. 财贸研究, 2017 (1): 37-47.

[4] 蔡荣. 农业产业化组织治理机制及其效率特征——基于纵横一体化的理论与实证分析 [J]. 管理现代化, 2007 (3): 8-10.

[5] 蔡荣. 农业合作社的合约安排: 生产决策权配置——基于农户视角的实证分析 [J]. 中国农村经济, 2013 (4): 60-70.

[6] 蔡文著, 杨慧. 龙头企业与农户渠道关系治理机制创新——以心理契约为视角 [J]. 江西社会科学, 2014 (1): 215-221.

[7] 陈灿, 罗必良, 黄灿. 差序格局、地域拓展与治理行为: 东进农牧公司案例研究 [J]. 中国农村观察, 2010 (4): 44-53.

[8] 陈灿, 万俊毅, 吕立才. 农业龙头企业与农户间交易的治理——基于关系契约理论的分析 [J]. 华中农业大学学报 (社会科学版), 2007 (4): 42-45.

[9] 陈正林. 企业物流成本生成机理及其控制途径——神龙公司物流成本控制案例研究 [J]. 会计研究, 2011 (2): 66-71.

[10] 陈忠, 艾兴政, 赵海霞. 供应链信息结构与控制结构绩效研究 [J]. 管理工程学报, 2010 (1): 41-44.

[11] 大卫·贝尔. 不可消失的门店 [M]. 苏健, 译. 杭州: 浙江人民出版社, 2017.

[12] 道格拉斯·C. 诺思. 经济史中的结构与变迁 [M]. 上海: 上海人民出版社, 1994.

[13] 邓衡山, 王文烂. 合作社的本质规定与现实检视——中国到底有没有真正的农民合作社? [J]. 中国农村经济, 2014 (7): 15-26.

[14] 邓若鸿, 陈晓静, 刘普合, 于朝江. 新型农产品流通服务体系的协同模式研究 [J]. 系统工程理论与实践, 2006 (7): 59-65.

[15] 贺雪峰. 熟人社会的行动逻辑 [J]. 华中师范大学学报 (人文社会科学版), 2004, 43 (1): 5-7.

[16] 黄家亮. 乡土场域的信任逻辑与合作困境: 定县翟城村个案研究 [J]. 中国农业大学学报 (社会科学版), 2012, 29 (1): 81-92.

[17] 黄胜忠, 伏红勇. 成员异质性、风险分担与农民专业合作社的盈余分配 [J]. 农业经济问题, 2014 (8): 57-64.

[18] 姜长云, 赵佳. 我国农产品流通政策的回顾与评论 [J]. 经济研究参考, 2012 (33): 18-29.

[19] 李海舰, 田跃新, 李文杰. 互联网思维与传统企业再造 [J]. 中国工业经济, 2014 (10): 135-146.

[20] 李季芳, 冷霄汉. 基于节点关系视角的我国农产品供应链研究 [J]. 吉林大学社会科学学报, 2016, 56 (1): 45-53.

[21] 李慢, 马钦海, 杨勇, 郝金锦. 服务场景中象征要素对顾客行为意愿的影响 [J]. 技术经济, 2013, 32 (5): 41-47.

[22] 李莹, 杨伟民, 张侃, 胡定寰. 农民专业合作社参与"农超对接"的影响因素分析 [J]. 农业技术经济, 2011 (5): 65-71.

[23] 林聚任, 杜金艳. 当前中国乡村社会关系特征与问题分析 [J]. 中国农业大学学报 (社会科学版), 2007 (9): 34-42.

[24] 刘凤芹. 不完全合约与履约障碍——以订单农业为例 [J]. 经济

研究，2003（4）：22－30.

［25］刘刚，郭利．环境适应性视角下的农民合作社治理结构重塑研究［J］．中国农业资源与区划，2018（1）：146－151.

［26］刘刚，张晓林．农民合作社的规模、治理机制与农产品质量安全控制——基于集体行动理论的视角［J］．农业现代化研究，2016，37（5）：926－931.

［27］刘刚．面向社区的农产品流通模式发展创新［J］．商业经济研究，2015（28）：22－23.

［28］刘刚．鲜活农产品流通模式演变动力机制及创新研究［J］．中国流通经济，2014（1）：33－37.

［29］刘林青，雷昊，谭力文．从商品主导逻辑到服务主导逻辑——以苹果公司为例［J］．中国工业经济，2010，270（9）：57－66.

［30］刘晓鸥，邸元．订单农业对农户农业生产的影响——基于三省（区）1041个农户调查数据的分析［J］．中国农村经济，2013（4）：48－59.

［31］刘益，陶蕾，王颖．零售商的供应关系稳定性、信任与关系风险间的关系研究［J］．预测，2009（1）：36－41.

［32］马士华，林勇等．供应链管理［M］．第5版．北京：机械工业出版社，2017.

［33］马彦丽，林坚．集体行动的逻辑与农民专业合作社的发展［J］．经济学家，2006（2）：40－45.

［34］曼瑟尔·奥尔森．集体行动的逻辑［M］．陈郁，郭宇峰，李崇新，译．上海：格致出版社，2011.

［35］缪建平．关于农业产业化利益机制几个问题的探讨［J］．中国农村观察，1997（6）：16－20.

［36］彭建仿．农产品质量安全路径创新：供应链协同［J］．经济体制改革，2011（4）：77－80.

［37］彭雷清，李泉泉．经销商公平感知对关系承诺影响的实证研究——

以中国家电业为例［J］. 广东商学院学报，2010（4）：31－37.

［38］浦徐进，朱秋鹰，曹文彬. 公平偏好视角下的“龙头企业＋农户”供应链关系治理研究［J］. 管理工程学报，2014（3）：120－125.

［39］齐永智，张梦霞. SOLOMO消费驱动下零售企业渠道演化选择：全渠道零售［J］. 经济与管理研究，2015，36（7）：137－144.

［40］任星耀，廖隽安，钱丽萍. 相互依赖不对称总是降低关系质量吗?［J］. 管理世界，2009（12）：92－105.

［41］邵科，徐旭初. 合作社社员参与：概念、角色与行为特征［J］. 经济学家，2013（1）：85－92.

［42］申静，耿瑞利，陈中华. 中国物流业服务创新能力评价［J］. 技术经济，2016，35（5）：38－45.

［43］苏尼尔·乔普拉，彼得·迈因德尔. 供应链管理［M］. 第3版. 陈荣秋，等译. 北京：中国人民大学出版社，2008.

［44］隋姝妍，大岛一二. 试论农民专业合作社在农产品流通中的作用［J］. 农村经济，2010（8）：122－124.

［45］孙涛. 我国农产品现代流通服务体系的构建及公共政策建议［J］. 现代经济探讨，2011（12）：62－66.

［46］孙亚苑，余海鹏. 农民专业合作社成员合作意愿及影响因素分析［J］. 中国农村经济，2012（6）：48－58.

［47］谭丹，朱玉林. 基于协同理论的农产品绿色供应链实现模式［J］. 经济问题，2011（1）：88－90.

［48］田敏，张闯，夏春玉. 契约型农产品渠道中私人关系对交易关系稳定性的影响［J］. 财贸研究，2014（3）：49－56.

［49］万俊毅，欧晓明. 产业链整合、专用性投资与合作剩余分配——来自温氏模式的例证［J］. 中国农村经济，2010（5）：28－42.

［50］万俊毅，彭斯曼，陈灿. 农业龙头企业与农户的关系治理：交易成本视角［J］. 农村经济，2009（4）：25－28.

［51］万俊毅．准纵向一体化、关系治理与合约履行——以农业产业化经营的温氏模式为例［J］．管理世界，2008（12）：93－102.

［52］王爱群，夏英，秦颖．农业产业化经营中合同违约问题的成因与控制［J］．农业经济问题，2007（6）：72－76.

［53］王洪丽，杨印生．农产品质量与小农户生产行为——基于吉林省293户稻农的实证分析［J］．社会科学战线，2016（6）：64－69.

［54］王洁．供应链结构特征、机制设计与产品质量激励［J］．中国工业经济，2010（8）：97－107.

［55］王亚飞，黄勇，唐爽．龙头企业与农户订单履约效率及其动因探寻——来自91家农业企业的调查资料［J］．农业经济问题，2014（11）：16－24.

［56］夏春玉，张闯，董春艳，梁守砚．“订单农业”中交易关系的建立、发展与维护——以经纪人主导的蔬菜流通渠道为例［J］．财贸研究，2009（4）：25－34.

［57］向国成，肖国安，李媛媛．论我国农业组织模式发展的阶段性及当前的选择［J］．中国软科学，2002（6）：32－36.

［58］肖艳丽，冯中朝．农产品流通中公平与效率的国际经验借鉴［J］．经济体制改革，2012（5）：152－156.

［59］徐良培，李淑华，陶建平．基于产品专用性差异的农产品供应链协同机制研究［J］．科技进步与对策，2011（11）：26－30.

［60］许金立，张明玉．农产品供应链协同机制研究［J］．管理现代化，2011（5）：44－46.

［61］于晓霖，周朝玺．渠道权力结构对供应链协同效应影响研究［J］．管理科学，2008（12）：29－39.

［62］曾文杰，马士华．供应链合作关系相关因素对协同的影响研究［J］．工业工程与管理，2010（4）：1－7.

［63］张翠华，任金玉，于海斌．供应链协同管理的研究进展［J］．系

统工程，2005（4）：1－6.

［64］张晟义．国家级农业产业化重点龙头企业供应链实践的现状及改善思路［J］．中国农业科技导报，2004（4）：54－61.

［65］张赞，张亚军．我国农产品流通渠道终端变革路径分析［J］．现代经济探讨，2011（5）：71－75.

［66］赵晓飞，李崇光．“农户—龙头企业”的农产品渠道关系稳定性：理论分析与实证检验［J］．农业技术经济，2007（5）：15－24.

［67］郑少红，陈玲，卓炜．“公司＋合作社＋农户”契约关系稳定性研究［J］．福建农林大学学报（哲学社会科学版），2013，16（6）：13－17.

［68］中国人民银行西安分行课题组．订单农业合同履约率影响因子的Logistic实证研究——基于陕西381个订单农户的样本［J］．当代经济科学，2014（5）：118－128.

［69］周俊，薛求知．交易专用性投资效应及治理机制研究评［J］．外国经济与管理，2009（9）：18－28.

［70］周立群，曹利群．农村经济组织形态的演变与创新——山东省莱阳市农业产业化调查报告［J］．经济研究，2001（1）：69－83.

［71］Anderson E，B Weitz. The Use of Pledges to Build and Sustain Commitment in Distribution Channels［J］. Journal of Marketing Research，1992，29（1）：18－34.

［72］Akaka M A，Vargo S L. Extending the Context of Service：From Encounters to Ecosystems［J］. Journal of Services Marketing，2015，29（6－7）：453－462.

［73］Bahlmann Jan，Spiller Achim. The Relationship between Supply Chain Coordination and Quality Assurance Systems：A Case Study Approach on the German Meat Sector［J］. Research in Agriculture & Applied Economics，2008（2）：18－22.

［74］Bitner M J. The Impact of Physical Surroundings on Customers and Employees [J]. Journal of Marketing, 1992, 56 (2): 57-71.

[75] Caswell A Julie, Padberg I Daniel. Toward a More Comprehensive Theory of Food Labels [J]. American Journal of Agricultural Economics, 1992, 74 (2): 460-468.

[76] Caswell A Julie, Mojduszka M Eliza. Using Informational Labeling to Influence the Market for Quality in Food Products [J]. American Journal of Agricultural Economics, 1996, 78 (5): 1248-1253.

[77] Coase R H. The Nature of the Firm [J]. Economica, 1937, 4 (16): 386-405.

[78] Coase R H. The Problem of Social Cost [J]. Journal of Law and Economics, 1960, 3 (3): 1-44.

[79] Cooper M C, Lambert D M. Supply Chain Management: More Than a New Name for Logistics [J]. The International Journal of Logistics Management, 1997, 8 (1): 1-14.

[80] Cannon J P, R S Achrol, G T Gundlach. Contracts, Norms and Plural Form Governance [J]. Journal of the Academy of Marketing Science, 2000, 28 (2): 180-194.

[81] Darby M, Karni E. Free Competition and the Optimal Amount of Fraud [J]. Journal of Law and Economics, 1973 (16): 67-88.

[82] Elg U. Firms Home-Market Relationship: Their Role when Selecting International Alliance Partners [J]. Journal of International Business Studies, 2000, 31 (1): 169-177.

[83] Fulton M. Cooperatives and Member Commitment [J]. The Finnish Journal of Business Economics, 1999, 48 (4): 418-437.

[84] Fulton M, Sanderson K. Co-operatives and Farmers in the New Agriculture [R]. University of Saskatchewan: Centre for the Study of Cooperatives, 2002.

[85] Gronroos C. A Service Quality Model and its Marketing Implications [J]. European Journal of Marketing, 1984, 18 (4): 36 -44.

[86] Goes J B, Park S H. Interorganizational Links and Innovation: The Case of Hospital Services [J]. The Academy of Management Journal, 1997, 40 (3): 673 -696.

[87] Grimsdell K. The Supply Chain for Fresh Vegetables: What it Takes to Make it Work [J]. Supply Chain Management: An International Journal, 1996, 1 (1): 11 -14.

[88] Hanf J, Iselborn M. How to Deal Witli Quality Problems of German Wine Cooperatives [C]. 8 international conference for academy of wine business research, Geisenheim, Germany, 2014 (6): 28 -30.

[89] Hansmann H. The Ownership of Enterprise [M]. Cambridge: The Belknap Press, 1996.

[90] Hendrikse G W J. Governance of Chains and Network: A Research Agenda [J]. Journal on Chain and Network Science, 2003 (1): 1 -6.

[91] Heide J B. Interorganizational Governance in Marketing Channels [J]. The Journal of Marketing, 1994, 58 (1): 71 -85.

[92] Hill R M, Omar M. Another Look at the Single-Vendor Single-buyer Integrated Production-inventory Problem [J]. International Journal of Production Research, 2006, 44 (4): 791 -800.

[93] Kastalli I V, Looy B V, Neely A. Steering Manufacturing Firms Towards Service Business Model Innovation [J]. California Management Review, 2013, 56 (1): 100 -123.

[94] Lee H L. Creating Value Through Supply Chain Integration [J]. Supply Chain Manage Review, 2000, 9 (1): 30 -36.

[95] Lui S S, Wong Y, Liu W. Asset Specificity Roles in Interfirm Cooperation: Reducing Opportunistic Behavior or Increasing Cooperative Behavior? [J].

Journal of Business Research, 2009, 62 (11): 1214 - 1219.

[96] Lusch R F, Vargo S L. Service-Dominant Logic: Premises, Perspectives, Possibilities [M]. Cambridge, UK: Cambridge University Press, 2014.

[97] Lusch R F, J R Brown. Interdependency, Contracting, and Relational Behavior in Marketing Channels [J]. Journal of Marketing, 1996, 60 (4): 19 - 38.

[98] Mirrlees J A. The Theory of Moral Hazard and Unobservable Behaviour: Part I [J]. The Review of Economic Studies, 1999, 66 (1): 3 - 21.

[99] Morgan R M, Hunt S D. The Commitment-Trust Theory of Relationship Marketing [J]. Journal of Marketing, 1994, 58 (3): 20 - 38.

[100] Mohr J, Navin J R. Communication Strategies in Marketing Channels: A Theoretical Perspective [J]. Journal of Marketing, 1990, 54 (4): 36 - 51.

[101] Nelson. Information and Consumer Behavior [J]. Journal of Political Economy, 1970, 78 (2): 311 - 329.

[102] Olson M. The Logic of Collective Action: Public Goods and the Theory of Groups [M]. Gambridge: Harvard University Press, 1980.

[103] Ostrom E. Crafting Institutions for Self-governing Irrigation Systems [M]. San Francisco: Institute for Contemporary Studies, 1992.

[104] Pfeffer J, Salancik G R. The External Control of Organizations: A Resource Dependence Perspective [M]. New York: Harper and Row, 1978.

[105] Rindfleisch A, Heide J B. Transaction Cost Analysis: Past, Present, and Future Applications [J]. The Journal of Marketing, 1997, 61 (4): 30 - 54.

[106] Rigby D. The Future of Shopping [J]. Harvard Business Review, 2011, 89 (12): 64 - 75.

[107] Robert E Spekman, John W Kamauff Jr, Niklas Myhr. An Empirical

Investigation into Supply Chain Management: A Perspective on Partnerships [J]. Supply Chain Management, 1998, 3 (2): 53 -67.

[108] Rokkan A, Heide J, Wathne K. Specific Investments in Marketing Relationships: Expropriation and Bonding Effects [J]. Journal of Marketing Research, 2003, 40 (2): 210 -224.

[109] Simon H A. Theories of Decision-Making in Economics and Behavioral Science [J]. The American Economic Review, 1959, 49 (3): 253 -283.

[110] Skjoett-Larsen T. European Logistics Beyond 2000 [J]. International Journal of Physical Distribution & Logistics Management, 2000, 30 (5): 377 -387.

[111] Simatupang T M, Wright A C, Sridharan R. The Knowledge of Coordination for Supply Chain Integration [J]. Business Process Management Journal, 2002, 8 (3): 289 -308.

[112] Smith J B, Barclay D W. The Effects of Organizational Differences and Trust on the Effectiveness of Selling Partner Relationships [J]. Journal of Marketing, 1997, 61 (1): 3 -21.

[113] Spence A M. Market Signaling: Informational Transfer in Hiring and Related Screening [M]. Harvard University Press, 1974.

[114] Sundbo J, Gallouj F. Innovation as a Loosely Coupled System in Services [J]. International Journal of Services Technology & Management, 1998, 1 (1): 15 -36.

[115] Ulrich D, Barney J B. Perspectives in Organizations: Resource Dependence, Efficiency, and Population [J]. The Academy of Management Review, 1984, 9 (3): 471 -481.

[116] Vargo S L, Lusch R F. Evolving to a New Dominant Logic for Marketing [J]. Journal of Marketing, 2004, 68 (1): 1 -17.

[117] Vargo S L, Lusch R F. It's all B2B…and Beyond: Toward a Systems

Perspective of the Market [J]. Industrial Marketing Management, 2011, 40 (2): 181 -187.

[118] Vijayasarathy L R. Supply Integration: An Investigation of its Multi-Dimensionality and Relational Antecedents [J]. International Journal of Production Economics, 2010, 124 (2): 489 -505.

[119] Vitaliano P. Cooperative Enterprise: An Alternative Conceptual Basis for Analyzing a Complex Institution [J]. American Journal of Agricultural Economics, 1983, 65 (5): 1078 -1083.

[120] Nevin J R. Relationship Marketing and Distribution Channels [J]. Journal of the Academy of Marketing Science, 1995, 23 (4): 305 -320.

[121] Williamson O E. Markets and Hierarchies: Antitrust Analysis and Implications [M]. New York: Free Press, 1975.

[122] Williamson O E. The Economic Institutions of Capitalism: Firms, Markets, Relational Contracting [M]. New York: Free Press, 1985.

[123] Williamson O E. Comparative Economic Organization: The Analysis of Discrete Structural Alternatives [J]. Administrative science quarterly, 1991, 36 (2): 269 -296.

[124] Williamson O E. The Mechanisms of Governance [M]. New York: Oxford University Press, 1996.

[125] Woodruff R B. Customer Value: The Next Source for Competitive Advantage [J]. Journal of the Academy of Marketing Science, 1997, 25 (2): 139 -153.

[126] Stefan Wuyts S H K, Inge Geyskens. The Formation of Buyer-Supplier Relationships: Detailed Contract Drafting and Close Partner Selection [J]. Journal of Marketing, 2005, 69 (4): 103 -117.

后　记

乡村振兴战略是新时代做好我国“三农”工作的总抓手，乡村振兴的关键和基础在于产业振兴。农产品供应链的发展对于促进农业产业振兴和农村现代化具有重要意义。现代农业产业链不断延伸，与第二、第三产业的融合程度不断加深。农产品供应链将农产品生产者、分销商、物流商、零售商紧密连接在一起，并对其进行协调和管理，使产品流、信息流顺畅传递，提高农产品流通效率，对消费者的需求做出快速响应。当前我国的农产品供应链发展还相对滞后，表现为冷链物流发展滞后，农产品质量安全问题依然突出，对消费需求特别是高端需求的供给不足等。随着农产品消费需求的升级、国际国内市场竞争环境的改变，小农经营越来越难以适应现代农业产业组织和满足农产品消费升级的要求，发展农产品供应链是解决这一问题的重要途径。大力推进农产品供应链创新既有利于满足不断升级的消费需求，也有利于改变传统的农业生产方式，使小农户在农业生产中获得更高的收益。

本书的研究成果是笔者近年来相关研究成果的总结及提升。在此要感谢天津农学院经济管理学院的领导和同事们的关心和支持。特别要感谢我的家人在长期枯燥的科研工作中给予我的理解和支持。

本书的顺利出版得益于天津市人文社科重点研究基地——农村现代化研究中心开放基金项目的支持。由于笔者水平有限，难免有疏漏之处，若有不当之处敬请读者批评指正。

刘刚
2018 年 12 月